PARA ESTAR EN EL MUNDO

Cuentistas cubanas de hoy

El día siguiente

Cuentistas cubanas de hoy

Selección, prólogo y notas de
Marilyn Bobes

OCEANO

EDITOR: Rogelio Carvajal Dávila

CUENTISTAS CUBANAS DE HOY

© 2002, Agencia Literaria Latinoamericana

D. R. © EDITORIAL OCEANO DE MÉXICO, S.A. de C.V.
Eugenio Sue 59, Colonia Chapultepec Polanco
Miguel Hidalgo, Código Postal 11560, México, D.F.
☎ 5279 9000   📠 5279 9006
✉ info@oceano.com.mx

PRIMERA EDICIÓN

ISBN 970-651-592-5

IMPRESO EN MÉXICO / PRINTED IN MEXICO

ÍNDICE

PRÓLOGO

La selección que aquí presentamos parte, en primer lugar, de una convicción de la antologadora que, tal vez, para cierto feminismo ortodoxo, pudiera resultar algo así como una herejía: no es necesario ser mujer para contar una historia donde los problemas específicos del género constituyan el eje argumental, como tampoco es necesario ser hombre para que el vasto campo de la ficción se presente ante los ojos de un escritor con toda la riqueza de sus asuntos y objetos, jerarquizados (eso sí) por un canon formulado a partir de determinadas construcciones sociohistóricas y culturales.

Es por eso que al compilar esta muestra, en la que intento ofrecer un muy sintetizado panorama de lo que escriben hoy las mujeres en Cuba, no me ceñí a las temáticas que habitualmente suelen prevalecer en estos compendios, fundamentalmente porque, si lo hiciera, estaría faltando a la verdad.

Hace más de cuarenta años, una de las escritoras más célebres de la literatura cubana, la poetisa y novelista Dulce María Loynaz, interrogada acerca de la posible condición femenina de su obra poética, respondió al periodista: "La poesía es angélica y usted sabe que los ángeles no tienen sexo". La respuesta parece un desafío en este nuevo milenio cuando teóricas y estudiosas de todo el mundo insisten en señalar y descubrir las diferencias de género que corroborarían las especificidades de una escritura femenina, bien sean éstas resultado de una tradición o de un supuesto determinismo biológico.

Según la ensayista cubana Nara Araujo, los presupuestos en que se fundamentaría una observación como la citada de la Loynaz, son el reflejo de una praxis. Si la épica —afirma Araujo— se asocia al hombre es porque lo masculino ha quedado identificado con la conquista, la actividad pública, la fuerza y el poder. Si el intimismo se identifica con lo femenino es porque el espacio de lo privado ha sido el ambiente natural de la mujer.

Para la filósofa española María Zambrano, por ejemplo, lo primero que encontramos en los orígenes del mundo occidental es la radical diferencia entre el hombre y la mujer. El hombre —dice— se lanza a un esfuerzo metódico por conquistar la verdad, es el dueño del logos, que significa la razón y la palabra. La mujer —insiste Zambrano— está adherida al cosmos y a la naturaleza. Es una criatura alógica, que crece y se expresa más allá de la lógica, nunca dentro de ella.

He aquí dos posturas que sólo tienen en

común el reconocimiento de una diferencia que nos autorizaría a hablar de un modo de expresión masculino y de otro, femenino.

En 1995, la narradora y ensayista Mirta Yáñez (presente con uno de sus cuentos en esta antología) me pidió colaboración para un proyecto que se concretaría en un extenso panorama de cuentistas contemporáneas cubanas y que lleva el título de *Estatuas de sal*. El libro tuvo un gran éxito de venta en Cuba y, más allá de sus virtudes y defectos, me convenció de la necesidad que tiene el lector de nuestro tiempo de acceder a una escritura que, con características específicas o no, ha sido silenciada y omitida durante décadas: la producida por mujeres, independientemente de que sus textos puedan inscribirse en lo que se ha dado en llamar un discurso femenino.

Lo que trato de decir es que tengo la impresión de que, más que un discurso concebido en términos de género, lo que ha tratado de ser acallado, preterido o minimizado es la presencia y la visibilidad de la mujer misma con respecto al hecho literario. La aparición de un ghetto editorial y de un aparato crítico particular, ¿contribuyen a eliminar o enfatizan la discriminación? Creo que ambas cosas. Y por eso no resulta tan raro que muchas de las más jóvenes y recientes autoras cubanas, junto con otras de más conocida trayectoria, rechacen con tanta fuerza el propósito de situarlas dentro de un corpus que se pretende diferenciar dentro del contexto nacional y universal con la denominación de literatura femenina.

Incluso muchas llegan hasta negar la ausencia de una tradición en términos de género. Los cuentos que se presentan a continuación aspiran, esencialmente, a contribuir a una visibilidad, a destacar la presencia de estos nombres dentro del panorama de la literatura cubana de hoy, la cual se caracteriza por una variada gama de generaciones, filiaciones estéticas, de sexo y de raza y que está constituida también por escritores que han establecido su residencia fuera de la isla. En esta última condición hay también algunos nombres femeninos notables que quedaron fuera del libro por razones ajenas a su valor literario, lo mismo que otras, casi imprescindibles, que viven en Cuba y no aparecen aquí representadas. Los complicados asuntos relacionados con derechos de autor, agentes literarios, posibilidades de ubicación y consideraciones editoriales, si no justifican, al menos explican estas ausencias. La antologadora quiere dejar constancia de su voluntad de inclusión y lamenta privar al lector de algunos textos valiosos que pudieron dar una extensión y un peso literario mayor a este panorama. Como afirma, juguetonamente, un aforismo popular cubano: "No son todas las que están ni están todas las que son". Es un riesgo que en todo proceso de elección se debe afrontar.

Los cuentos reunidos aquí abordan aspectos diversos de la producción de las mujeres cubanas. Los registros varían del realismo más riguroso a una elaboración más enraizada en lo poético pasando también por la fantasía y la confesión. Se desplazan dentro del espacio público y privado advirtiéndose una tendencia, especialmente entre las más jóvenes, a conjugar estas dos dimensiones, desprejuiciada y libremente, con lo que establece un interesante contrapunteo entre lo social y lo personal. He aquí una de las conquistas a mi entender más interesantes de las nuevas escritoras cubanas que se inscribe en un contexto mucho más general y abarcador: el de la más reciente narrativa cubana.

Muchas de estas autoras han incursionado o comienzan a hacerlo en la novelística, aunque resulta curioso que la mayoría no haya abandonado el cuento como instrumento de expresión. Las exigencias del mercado obligan cada vez más al escritor a la narración extensa en detrimento de la narrativa breve. Las cubanas tienen la ventaja de poder publicar dentro de su país sus cuentos apoyadas por una política editorial que todavía prioriza el factor cualitativo sobre los dividendos.

La oportunidad que hoy ofrece esta editorial de dar a conocer la obra de catorce cuentistas cubanas es un gesto que la antologadora y las autoras agradecen y nos llena de regocijo y entusiasmo. Ojalá disfrute el lector de estas historias y que otras muchas, en el futuro, aparezcan rompiendo las limitaciones que, consideraciones extraliterarias ya expuestas, han impuesto a esta primera selección.

Marilyn Bobes

Once caballos

Dora Alonso

El hombre que caminaba detrás de los jamelgos dijo una mala palabra y la vara bien manejada cayó con fuerza sobre algún hueso. Ya era oscuro y la yegua no recordaba haber hecho aquel camino; por instinto se detuvo, volviendo a un lado la cabeza, desconfiada, pero los demás la empujaban y siguió avanzando.

El aire olía a café, a boñiga fresca, a hierba cortada, y aventaba los ollares de la hambrienta caballada. Un reguero de bosta iba marcando su paso.

Cojeaban algunos en la calle solitaria. La misma yegua tenía los cascos podridos de ranilla y entorpecidas las articulaciones por los sobrehuesos. Todos sufrían la molestia de las moscas; se agarraban voraces a las llagas purulentas y las humilladas bestias trataban de librarse a golpes de cola o mordiéndose con sus grandes dientes

Dora Alonso (1910), periodista, autora teatral y radial, narradora y poeta. Ha publicado, entre otros, *Tierra Inerme* (1961), *Ponolani* (1966) y *Once caballos* (1970).

amarillos. Al contorsionar el flaco cuerpo se marcaban más los costillares bajo la piel costrosa.

En la recua venía un potro alazán de buenas carnes, mezclado por la casualidad a la famélica caravana. Los traían en procesión desde las afueras, sacándoles las últimas fuerzas. La suerte que dispone el fin de las bestias inútiles, destinaba los once caballos a la boca de los carnívoros enjaulados.

Al llegar al zoológico les hicieron pasar por la entrada de servicio. El arreador los agrupó frente a una puerta de hierro pintada de negro. SÓLO ENTRADA parecía un mal aviso para los jamelgos. Por ella también cupo la yegua preñada. Luego SÓLO ENTRADA se cerró tras ellos.

Desde el primer momento el suelo se les hizo cómodo; los hinchados cascos se aliviaron con la blandura del fango y se abandonaban al descanso. Un pesado sueño dobló los vencidos pescuezos y atrajo los belfos hasta rozar la tierra del estrecho corral.

Sofocada por su gran barriga, la yegua resollaba fuerte. El hambre la mantenía nerviosa aguzándole el instinto. Sus orejas marchitas descubrían ruidos desconocidos, inquietándose. Apenas conseguía moverse dentro del corral y con trabajo logró acercarse al árbol pelado que lo centraba, para rascarse apoyándose contra él.

El potro se removía dentro del grupo de rocines dormidos y se acercó a la yegua intentando iniciar el juego amoroso, mordiéndola en el cuello. Le mostraron los dientes en un amago de tarascada, y sin darse por vencido, intentó cubrirla; una patada le hizo apartarse. Relinchó excitado, sacudiendo las crines, y fuera del corral respondió otro relincho.

La hembra y el garañón compartieron la respuesta, que en alguna forma les tranquilizaba. Sabían, por la misma voz de la raza, que más allá del muro y de la puerta negra había caballos, aunque eran incapaces de imaginar la vida inútil de los que respondían. Ninguno de los jacos reunidos en el corral del matadero hubiese reconocido como de los suyos a *Palomino*, el pony, enanizado expresamente por los criadores del Oeste norteamericano, como producto mercantil de gran demanda: un caballo sedoso y diminuto, con una alzada de juguete caro, bellos ojos azules y penachos rubios como cualquier muchacha norteña. *Palomino* disponía tanta vitalidad en sus inflados testículos lustrosos, que de un solo salto cubría las hembras destinadas. Devoraba maíz, melado, pienso, y caracoleaba piafante en corral alfombrado de verdes, con un empleado que lo atendía solícito, recogiendo su humeante estiércol. Más que un caballo, el pony resultaba un adorno, un precioso engaño de exportación. Todo, menos lo tan común y corriente que esperaba en capilla detrás de la puerta pintada de negro. Menos comida de leones.

La yegua tuvo sed y lamió de un charco, junto al anca de un caballejo moro, de crin recortada, con aspecto de rocín de guerra; la cresta de su espinazo resaltaba como un grueso rosario de ermitaño. El viejo guerrero recorría el suelo con los belfos, ansioso de una brizna de hierba, de alguna pajuela, pero el animal sólo halló fango y boñigas. Pitó un tren a lo lejos, un agudo alarido que fue apagándose como una alta bengala. Los disparos de una motocicleta atravesaron la noche.

Velaba el potro su nueva oportunidad, deseando derramarse por oscuro instinto de supervivir. Pasaba entre los cuerpos desvencijados, rotos por el desgaste de continuo servicio, de trabajo y trabajo. La espuela, el bocado, la silla, el serón, la collera, repetían una misma historia. El confuso montón de esfuerzos y hombres se desplazaba desde las cabezas de los caballos que iban a morir con el amanecer. Guajiros de una sola bestia mansa, hecha al talón de vaqueta y al paso lento sobre cangilones del llano y la montaña. Montéros de lazo y voceo; cacharreros de lata y pan. Yerberos.

La niebla que flotaba sobre las frentes dormidas eran los recuerdos, los pasos, las faenas rendidas, las bárbaras costaladas, los clavos y herrerías, entierros rurales, manifestaciones electorales, procesiones y arreos. Como final de las revueltas memorias se ligaban la soledad, las pústulas, el hambre de hundidos ojos y los Corrales de Concejo con los espectros anónimos.

La nube informe comenzaba a dispersarse entre toses asmáticas, verdosa espuma y algún quejido desinflado o el lento resbalar de la bosta bajo las bolas fláccidas. En la tristeza del encierro humeaban chorros espumosos, que pudrían el fango con el ruido del grifo abierto.

Por segunda vez relinchó el potro y la yegua lo pateó de nuevo. Lejos, al otro extremo del Centro, *Atila*, el Tarpán doméstico, movía las orejas. Sosías de una especie extinguida, presente en las pinturas rupestres de las cavernas de Altamira, de Lascaux, de Niaux, los Césares, el primitivo caballo salvaje copiado por los artistas de la edad glacial respondía bajo el cielo estrellado de La Habana. Producto de la genética regresiva, la prenda de laboratorio, fantasma sin recuerdo, ofrecía su saludo al potro criollo condenado. Y en juegos de camposanto, de agónicos y resucitados, sumábase *Vasek*, el pequeño Keltag asiático de crin hirsuta y hocico moteado, que Gengis Khan montara.

Por los alrededores del edificio de la dirección, un joven guardián consultaba su reloj a la luz de una linterna y prendió un cigarro para que el humo le apartara los mosquitos de zancudas patas caminadoras. Soñoliento reconocía los avisos de los padrotes urgidos, sintiéndose solidario.

Del duermevela le despertaron los leones. El mismo rugido, al llegar al corral aterró a los caballos. Era la Anunciación y pretendieron huir. Tropezaban confundidos. El rocín moro se abría paso hasta la portada, pero dominado por la voz de las fieras no pudo hacer más que desorbitar los ojos y mover el vientre, en un desfallecer de congoja.

El potro se erguía como si quisiera montar el muro y lo golpeó con las manos.

Dentro de la yegua, el potrillo se dispuso a salir. Flotaba en su noche líquida y el pavor de la madre era una espuela en su costado. Encogidas las patas, la cabeza sobre el pecho, se movía embistiendo. A su alrededor comenzaba el caos en la oscuridad y el silencio. El rumor vitelino fluía en la carrera fugitiva como el fuego veloz. Cada rugido ayudaba a la vida rajando el manto, desaguando la fuente amniótica, que comenzó a correr en hilos por el cauce de la entraña dilatada.

Del corazón del potrillo partían señales, imponiéndose a sus tendones, a sus nervios, en un amanecer turbio, indeciso y tenaz, sin alcanzar al cerebro en reposo, a los pulmones sin aire, a los ojos cerrados. La increada visión vagaba sobre él, mezclando terrores y esperanzas de manera atávica, informe e imprecisa.

Las fieras enmudecían en un final de ahogo y el sueño regresaba al corral, tranquilizando a los caballos.

Junto al árbol, la parturienta velaba sobre sí misma, aguardando el avance. Sentía ensanchados sus caminos secretos en una sensación familiar, y sacaba fuerzas para ayudar a realizarse el mundo oculto que se removía, desgarrándola. En los intervalos, rendida de fatiga, tuvo ligeros sueños donde corrían arroyos y se entreabrían granadas. Entre un esfuerzo y otro cantaban los gallos.

La sucia luz que antecede al sol reveló los alrededores. Surgía la espaciosa nave cercana, unida al corral por una rampa de cemento, y dejaba ver un afilado gancho del matadero. La yegua no entendió todavía.

Iba a enterarse con el hombre, vestido de rojo por las continuadas salpicaduras. El matarife ató una soga al primer pescuezo y tiró delante. Las patas flacas, inseguras por el hambre, subieron la rampa. A su llegada arriba, todavía enredado al último ensueño, el caballo recibió en el pecho el golpe del cuchillo, desplomándose entre convulsos pataleos.

Con su caída se presintió el banquete de los caimanes y cocodrilos disputándose las vísceras; su carne y los huesos repartidos a los carnívoros: leones, tigres, zorras, ocelotes, leopardos, hienas, lobos, perros del Cabo, binturones... A las garras de las tiñosas y carairas.

Un camino de sangre de caballo iba del matadero a los laboratorios, en larga fila de matraces ahítos. Estiércol e intestinos abonaban los campos. El cuero, las crines, los cascos, cumplían también. Con todo se ligaban.

La muerte entrevista echó al suelo a la yegua, que olió con la cercana sangre del matadero su otra sangre naciente. De costado, temblándole la pata levantada, recibía al hijo.

De su cuerpo surgió un caballito desgarbado, resbaladizo. La atadura umbilical gruesa y sanguinolenta, era un colgajo de su pasado que le unía al mundo placentario. La yegua le cortó con sus dientes, devorándolo como al resto del manto, en acción atávica que ayudaría a las ubres.

Grotesco y torpe, su cría consiguió levantarse, tambaleando. La madre abrió sus patas en un ofrecimiento de pobreza.

El potrillo aceptó sin miedo.

CREPÚSCULO

Iris Dávila

Estaba en medio de la plazoleta. Las otras quedaban imprecisas, opacas, inmersas en una niebla densa y undosa. Se perfilaba gallarda, estable, recia, ELLA, una sola. Era una columna de granito y mármol rosa, jaspeada de jade, lapizlázuli y ónix. Emergía de la tierra, de su tierra, sin pedestal visible, como un tronco de muy vigorosas raíces ocultas. Alta, esbelta, gentil y severa, delicada y sólida, con el capitel endrino profuso de hojas, palmillas, flores y volutas. Ni dórica, ni jónica, ni corintia, ni etrusca, y todas en una. Prodigioso injerto de estilos, obra de siglos y generaciones. Singular columna, ELLA, la irreprochable, predominando en un panorama urbano de edificios parduscos y casas herméticas. Predominando, predominando...

Así la percibió LA MUJER en aquel crepúsculo extraño que sucedió a la tarde tormentosa.

Iris Dávila (1918), periodista, autora teatral y radial y narradora. Sus cuentos están reunidos en el volumen *Intimidades* (1998).

Crepúsculo por momentos de una luminosidad grisácea, por momentos rutilante de escarlatas.

La contempló en el colmo del arrobamiento, satisfecha de haberse detenido a respirar al borde de un contén después de su fructífera y denodada carrera de cincuenta y tantos años por la vida. Ahora, cuando ya la minaban mil pequeñas fatigas, en este minuto de buscar calma y aliento, descubría y comprobaba inesperadamente la belleza, la energía, la paz y el equilibrio incólumes.

Sobre el asfalto resbaloso cruzaban como torpedos autos, ómnibus, camiones, bicicletas, rozándole el vestido. Un tropel de transeúntes recorría las aceras en distintas direcciones, y grupos febriles se aglomeraban en las esquinas para escuchar la oratoria de curas, adventistas, damas benefactoras, rameras engalanadas, demagogos y anunciadores de radio y circo parapetados en tribunas de carnaval. Con los niños en brazos y los maridos al lado, las hijas de LA MUJER, por allá lejos, al resguardo de los portales, cantaban, abstraídas, dulces canciones de cuna. Tiendas y oficinas abrían y cerraban chirriantes puertas rotatorias. En el parque contiguo un cónclave de burócratas, coreando salmos, trazaba en el cemento círculos concéntricos. Reía a carcajadas la jefa de un negociado que, provista de enormes bolas de estambre, tejía abrigos, bufandas y estolas de intrigas. Subían como camaleones los trepadores de los postes de la electricidad, zafaban y encajaban lámparas de neón, provocaban chisporroteos y estampidos, y subsistían aferrados, sujetos por los garfios. Aquella vorágine también la percibía pero ajena, desasida, remota, como un tenue hervor de extramuros. Lo ingrato y habitual perdía realidad frente al milagro puro de la columna hermosa, la inconmovible, la perenne, la vencedora de tumultos e inclemencias.

Bramaron truenos en lontananza. Y la columna osciló. ¿Oscilaba? Temerosa de la estabilidad del objeto de su embeleso y de la suya propia, LA MUJER se restregó los párpados. No, no oscilaba. Erecta desafiaba lo por venir.

Aletearon gaviotas en torno al capitel. ¿Serían capaces de posarse y lesionar la majestad impoluta? Quiso espantarlas y acortó el espacio separador, pero no alcanzaba ni siquiera a amargarlas con el chal. Volaban entre nimbos, escondiéndose y apareciendo, displicentes, pacíficas, inofensivas. Pronto continuaron viaje. Un suspiro de alivio distendió los nervios de LA MUJER. No, nada ni nadie osaría dañar la maravilla augusta.

Había un banco a escasos dos metros y lo ocupó. Serena, seráfica, detalló el fuste magnífico, de una tersura juvenil con morbidez de Venus e irisaciones de gema, y al alzar las pupilas notó que las hojas, palmillas, flores y volutas transformábanse en una cabeza humana. No era raro. Capiteles similares hubo, quizá aún quedarían vestigios, en el templo de Dendera a orillas del Nilo y en las cornisas de monumentos romanos. Capiteles como cabezas humanas...

Folios sueltos de libros de Arte le bailaron

en la memoria y desaparecieron en espiral ascendente, mientras la figura de allá arriba adoptaba los rasgos de Juno, y la divina diosa protectora de la mujer y el matrimonio le sonreía. Inefable sonrisa, íntima, confidencial, a la cual respondió de modo idéntico, coincidente, como ante un espejo.

La brisa, impregnada de fragancias vegetales, propiciaba el sosiego y el diálogo. No hizo falta el diálogo. Bastó el monólogo, porque Juno y ella tenían una historia común y hablaban el mismo lenguaje.

En la fusión del crepúsculo y la noche cubrieron el cielo millares de lentejuelas. Un centelleo de estrellas gigantes y cometas de fúlgidas y largas cabelleras creció por el poniente. El exceso de luz avivó en la quimera destellos locos y angustiosos reclamos sonoros. Fue entonces cuando LA MUJER vio arañas, avispas, ratones, pájaros carpinteros, alacranes y murciélagos adueñarse de la columna, atacarla, herirla, embarrarla de excretas, ensañarse en ELLA. En el ápice del espanto, incorporándose, lanzó el chal y montones de piedras a los destructores inmundos. Huyeron al fin en turbio remolino, y por las huellas palpables de la decadencia femenina rodaron las lágrimas de LA MUJER confundidas con el llanto de los ojos huecos del capitel. Y ya no hubo tregua, ni aliento, ni esperanza. Se desató enseguida una iracunda tempestad de relámpagos, y por una quebradura del firmamento asomaron peñascos de planetoides y meteoritos con brillo de diamantes y resplandor de incendio. De allí cayeron saetas de cuarzo y de pirita en implacable descarga de rayos contra ambos cuerpos abrazados, sintetizados, unívocos. El de la columna se llenó de estrías, el de carne se llenó de arrugas. Un solo grito y un solo sollozo, sin eco, acompañaron el desplome. Al peso de las ruinas tembló apenas la tierra. Llovía.

"Hoy al amanecer apareció el cadáver de una anciana al pie de un árbol calcinado del Parque de la Fraternidad. No ha sido identificada", dijo el periódico.

LA ESCLAVA DEL CARACOL

Marta Rojas

Ni asomo de sueño. Ni deseo de acostarse. Entró a la residencia para refugiarse en el vasto despacho. De momento se vio en ese espacio sin objetivo preciso y terminó por desplomarse en la butaca de cuero detrás del escritorio.

Sabía que ni con pócima de flores, perfumes orientales, ni las más hermosas afroditas podría animarse para aquello que quería. No estaba en condiciones de sembrar su fructífera semilla en un receptáculo de hembra, aunque lo estuviera añorando intensamente.

La luz de la única vela que encendió con el propósito de que la esclava favorita la viera desde su aposento, mostró su rostro demudado. Esperó unos segundos. No tuvo respuesta de la favorita y balbuceó con debilitado aliento la copla del Caballero de la Triste Figura, apegada a

Marta Rojas (1931), periodista y narradora. Entre sus libros publicados se encuentran *El juicio del Moncada* (1964), *El que debe vivir* (1978), *El columpio del Rey Spencer* (1983) y *Santa Lujuria* (1999).

su lengua porque era hombre que tenía bastante
sal en la mollera:

Dónde estás señora mía
Que no te duele mi mal
O no lo sabes señora
O eres falsa y desleal

¿Dónde estás que ya no vienes? Sentado
en la butaca, el cuerpo erecto, casi rígido, empezó a
tamborilear con sus dedos en la tapa del escritorio.
Esperaría. Lo acechaban pensamientos diversos
interrogándose sobre la causa de la intempestiva
desazón (como si él no lo supiera) que (esta vez)
había comenzado a experimentar mientras se
desnudaba en el almacén de azúcar, cuando él estaba seguro que embriagarse con ese efluvio dul-
zón que emanaba del depósito; el baño sobre la
lona en la sección del alambique, las deliciosas
bufonadas del par de graciosos eunucos Jenofonte y Pausanías, atrevidas como siempre, que las
hacían especialmente para su disfrute y al término un espléndido Habano acostado en la hamaca,
después de un día tan aciago, habría de estimular
su preferencia. Pero se equivocó, por desgracia
sus dos *Yo* convivientes entraron en disputa.

Se levantó de la butaca de cuero detrás del
escritorio y cambió varias veces la vela de lugar
para que su señal fuese más visible a Ángeles, su
aún tan bella y vigorosa esclava favorita. Ángeles
había entendido el *santo* y *seña* pero el amo sabía
que todavía estaba muy fresca la conversación de

ésta con sus hijas en que las niñas le dijeron que querían ser como ella. La favorita quiso tomarse todo el tiempo posible para mortificarlo porque la única arma de que disponía era precisamente la necesidad que él tenía de su persona en momentos como ese, en que necesitaba que le aplicara el remedio eficaz, cual droga maravillosa.

Él trató de encontrarle una justificación u otra a su adelantado *mal de pasión*, así llamaba a ese estado que le sobrevino fuera de fecha. Las justificaciones que encontró, aunque ambas diferentes a lo verdadero eran buenas:

La más natural y lógica de aceptar esta vez fue la añoranza de sus hijos; la costumbre ahora interrumpida de verlos a todos juntos alrededor de la mesa. Otra que también podía tener peso había sido el encuentro con el musiquito importunando a su hija mayor en el puerto, que le trajo a la memoria los trágicos sucesos que se iniciaron en su predio en el año cuarentitrés en momentos en que él estaba machihembrado con una de sus concubinas.

Los pliegues y las costuras interiores de la lujosa bata le molestaban demasiado (maldito quimono que su amanuense le había llevado al almacén de azúcar. El brocado tan grueso y de tan alto relieve le irritaba la piel, le producía escozor, porque estaba bordado con hilos metálicos cuyas puntas las sentía como alfileres que se le clavaban en la carne, hasta los muslos le ardían y eso que los eunucos lo habían enjabonado con un paño de felpa de algodón. Ya no soportaba el cepillo por suave que fueran las cerdas).

Al despojarse de esa bata de oro (los hilos del bordado eran en verdad de oro) sintió un estremecimiento que, por suerte para él, pasó pronto. Se abanicó aunque era una noche fresca. Volvió a sentarse en la butaca ahora desnudo y con las pantorrillas levantadas en bandas sobre el escritorio. Qué de cosas raras las de la naturaleza —dijo para sí y se preguntó si le estaba ocurriendo realmente o se lo imaginaba, como consecuencia de la ansiedad que le producía su naturaleza especial a la cual no acababa de acostumbrarse.

Miró impaciente el reloj de pie aunque no habían transcurrido más de cinco minutos desde que dio los siguientes pasos: despidió a su amanuense, entró donde se encontraba, encendió la vela, y ni sombra de la esclava con el remedio. No obstante se le estaba disipando la sensación de escozor que le causaban (en el trasero, la espalda, los brazos y el pecho) los hilos metálicos del quimono brocado.

La espera volvió a estremecerlo. Oía una sonoridad que no podía ser oída sino por él. Le palpitaban las sienes. Se sentía apilado entre cientos de caracoles, con los bordes adyacentes unos sobre los otros hincándolo en las ijadas. Metiéndoseles donde no quería ¡y en qué lugares! Imaginaba a una anguila penetrándolo nada menos que por ahí... Un zumbido presagioso. ¡Qué torbellino! Las alucinaciones empezaban a acosarlo: ¡el pez lamprea!, cilíndrico, liso, con la cola puntiaguda y el par de aletas a los lados moviéndose en pos de la hembra; se lo representaba (al pez lamprea) de un metro o más de largo, colgándole, pero no, no era el lamprea de mar sino el lamprea de río el que se asomaba; lamprea de tres o cuatro centímetros y no más, aunque también plateado. Si hubiera entrado directamente al aposento de su esclava Ángeles en vez de meterse en el despacho, las cosas tendrían que haber sido diferentes, hubiera empezado todo de forma expedita. Pero no lo hizo, aún cuando había mandado a dormir a sus hijas y las habitaciones de éstas se encontraban muy lejos del aposento de Ángeles y del suyo. Hasta en eso pensaba porque no podía prever cuán fuerte podía resultar su reacción al remedio. Y su esclava no llegaba. Su esclava lo hacía esperar, sin duda como parte del plan de la muy ladina para exacerbarlo, claro para su bien, y luego el mejor resultado del bendito remedio.

Allá en su aposento la esclava quería que le estallaran los sesos a aquel hombre. Hubiera preferido vivir en las cuevas o en las inaccesibles montañas a emplearse en tan incomprensible y sin duda malsana "curación" transitoria. Pero tenía que asegurarse que sus hijas se salvaran.

La luz de la vela en el cuarto de Ángeles cambiaba de lugar, se movía de un lado a otro. Él lo estaba viendo, aunque de forma difusa, cada vez más nervioso. De pronto sudaba y de pronto sentía escalofrío. Podía reconstruir lo que hacía su favorita: buscaba en el armario el instrumento para aplicarle el remedio que él necesitaba con urgencia. Lo sabía. ¡Ya lo tendría en su mano!

Empezó a escuchar los pasos de su esclava de placer, su favorita, y los estremecimientos se sucedieron incontrolables, golpeaba el escritorio con sus calcañales. Su *mal de pasión* era sucesivo, pero cíclico. También golpeó el escritorio con los puños cerrados. Los caracoles lo atormentaban, era una idea, él lo sabía, pero sentía que le recorrían el cuerpo impunemente y no acababa de llegar su privilegiada concubina.

Ladraron los perros de presa en el cambio de guardia, luego entonces eran las nueve de la noche, habían transcurrido, en total, quince minutos de suplicio: una eternidad dada la prisa en recibir ayuda de Ángeles. Lo ahogaba el lamento hipante, lo ahogaba (qué hipar insistente). Tenía miedo ¿y si una vez llegara a ser definitiva la transmutación?, ¿y si otra esclava no sabía hacerlo como ella si Ángeles faltaba?

Alumbró con la luz de la vela el reloj de pesado péndulo. El inconfundible ruido de las carretas no lo dejó oír bien las campanadas y todavía menos los anhelados pasos de Ángeles (los ruidos afuera conjurándose en su contra); porque también se le confundían los pasos con los chasquidos de los látigos para apurar a los esclavos a entrar en el ingenio vecino donde se trabajaba de noche y de día. A esa hora el Black Warrior debió estar ya muy lejos. Sintió que el viento afuera se hinchaba y supuso que más se hincharía en el mar (era terrible) y sus hijos en el oceano. Se preguntó si debió mandarlos a Nueva York, aún adolescentes. Esos razonamientos lo ayudarían a resistir siquiera unos minutos más en relativa calma.

El aposento que vigilaba ya estaba a oscuras. Ella había apagado la vela... El alegre ladrido del perrito faldero de Ángeles que guiaba sus pasos en la noche lo alborozó. Sintió otra vez escalofrío y de inmediato un calor insoportable. Empezó a revolcarse en el suelo como un can. En cierto momento, con la espalda contra el piso juntó las rodillas sobre el abdomen y las sujetó con sus manos para calmar el temblor que sentía. Pasajero, claro, como espasmos.

Ángeles restablecería las fronteras de sus dos Yo irreconciliables (sin tener él que pedírselo), porque ahí radicaba el mayor efecto del remedio y el gusto que sentía por la radical solución, en no pedírselo nunca, sino que ocurriera igual que la primera vez, entremezclándose en ella el furor y la impotencia aún estando él en sumisión completa, mientras más absoluta mucho mejor. Recordó aquella primera vez. Fue en el momento en que la enclaustró en el serrallo obligándola a que se lo aplicara cada vez que lo necesitara, cuando se le enroscaba eso... como caracol. O entraba y salía del hueco; se lo imaginaba entonces como una lombriz de tierra. Y él buscándolo en vano con paciencia de arqueólogo. La furia de su esclava lo alivió tanto, pero tanto... Más calmado regresó al butacón y de nuevo las pantorrillas en bandas sobre el escritorio, el sensible tacto de arqueólogo constatando la funesta realidad mientras dirigía la mirada al péndulo del reloj con recóndito rencor: Cinco minutos más y nada. Dejó de ladrar el perrito faldero que acompañaba a la esclava a toda hora, sobre todo por la noche cuando salía al corredor de la mansión. ¿Qué pasaba allá afuera? El suspiro hipante oprimiéndole el pecho. Aspiraba y botaba el aire por la boca. Empleaba diferentes mañas para calmarse pero no por demasiado tiempo. Temía el grito de desconsuelo, estridente, lastimero.

(La fuerza que Ángeles inyectaba a aquel acto sublime le venía a la esclava del cañaveral, aunque su apariencia debilucha de entonces, pero siempre bella, no lo hiciera notar; y tanta era la "robustez" que le insuflaba a la acción que esta se tornaba a veces en arranque de una *locura*, locura que convivía con ella (bastante oculta). Desconocida. La locura que la transfiguraba. La locura de la cual él estaba tan urgido para superar su profundo *mal de pasión*...)

Se le entumecían las quijadas.

El zumbido en los oídos:

Estaba a punto de empezar a gritar como un lobo hambriento. Sí, ya le venía el grito, casi lo tenía en la garganta.

Se tapó la boca.

Su alarido se podría oír en todo el predio.

Era la noche del lobo.

No la de la luna llena, sino la del cuarto menguante que era cuando su lobo aullaba hambriento; aunque sólo por coincidencia lo del cuarto menguante; una coincidencia negativa más, en confluencia con su *mal de pasión*, así gustaba llamar a ese estado en que estaba, ya se sabe. Las agujas del reloj se detuvieron para él. Uno de los estremecimientos inesperados lo hizo incorporarse. Vio pasar su sombra —la sombra de ella— a través del cristal de la ventana, se agazapó y sin que Ángeles pudiera descubrirlo miró: el perrito faldero de su favorita (ama de su reinado del harén) estaba orinando afuera, en el tronco del álamo hojoso y ésta, impasible, esperando a que acabara de hacerlo, y él, su amo, sin poder aguantar. Sin embargo se detuvo en la contemplación de aquel fenómeno biológico: la patica del perrito levantada echando el chorrito por canutico envarado. Y luego el perrito juega moviendo el rabito. No pudo evitar una risita estúpida, aunque le dolían las mandíbulas de tanto hacer crujir los dientes; pero lo que acababa de ver (por reflejo) lo hizo levantar una pierna igual que la patica del perrito y ver algo diferente. Ángeles buscaba un lugar dónde amarrar al perrito y la mascota parada en dos paticas le rozaba la mano con el hociquillo húmedo. Él se pasó la lengua por los labios, los tenía secos. Que de tonterías (pensó), cariacontecido.

Ella estaría al invadir ese recinto para iniciar la *fiesta innombrable* (así la llamaba) con el remedio que traería, droga maravillosa, remedio del cual iba a depender la vuelta a su cordura. Optó por la risa (risa sarcástica pero de anticipada contentura) en vez del aullido del lobo, del alarido aquel que presagiaba: la risa, eso es, la risa: ocho mujeres en el harén no le bastaban a él, ni aunque se las amarrara a la cintura una tras otra durante la noche cuando lo conseguía. Es que necesitaba de otra clase de estímulo y de sensaciones, sin más rodeos, de su remedio. Sentado nuevamente en la butaca volvió a colocar las pantorrillas sobre la tapa del escritorio y empleó más afanoso que antes la mano buscona. Constató impresionado el grado de la transmutación, el dedo se le hundía hasta el fondo entre tantos y tan gruesos pliegues.

En eso oyó el graznido de los pavorreales afuera pero, absorto, su mano estaba actuando en plena autonomía cuando precedida del graznido de los pavorreales Ángeles abrió la puerta sin él poder percatarse y lo sorprendió explorándose (con paciencia de arqueólogo) el sexo perdido por causa del *mal de pasión*.

Sintió el primer latigazo en las piernas desparramadas sobre la tapa del escritorio, escapándosele un ¡Hinn! agudo, suspirante, desesperado y el lamento hipante se le agudizó. El susto lo sacó de la butaca. Devuelto a su realidad se colocó frente a la agresora para facilitarle la acción:

—¡Voltéate, miserable, charlatán, te vi pendenciando por la ventana, rastrojo de hombre desde el día en que naciste, sinvergüenza! —le dijo ella de un tirón (la esclava lo tuteaba en esa secreta intimidad), blandiendo el látigo cordobán que parecía una escobilla con flecos fino de cuero. Él, sumiso, genuflexo, le ofreció las nalgas para que le pegara y sentir su pegada con más gusto. Ella continuó flagelándolo sobre los dos cachetes, ya de antes marcados, por eso es que no soportaba el roce del quimono de oro. Después le descargó un latigazo sobre la espalda. "¡Hinn, himm! ¡Virgen bendita!", dijo solazado, había que haberlo visto tan eufórico.

Corrió hacia la pared para apoyar las manos, aupando el trasero a todo lo que daba y entonces la esclava favorita lo azotó más. Tanto como él quería.

El cuerpo del Señor del harén vibraba de una rara emoción, incomprensible para quienes no lo conocían ni podían imaginárselo en el estado de tan secreta intimidad.

La primera reacción negativa al remedio fue la brusca contracción intestinal. Pujos que presagiaban la deposición lo obligaron a salir como un rehilete para no vaciarse dentro del despacho con el trasero aupado. Afuera un coro de silbos acompañó el tumulto de sus heces. Los cocuyos en complicidad con la luna incompetente iluminaban su cuerpo en primer plano, sentado en cuclillas, sin que todavía le colgara apenas nada que se pareciera al canutico del pequinés, burlesco, junto al álamo donde el perrito (gracioso) había orinado con la patica levantada. Cuando cesó el torrente de sus aguas volvió a imitar al perrito de manera inconsciente, una pierna levantada por acto reflejo.

Regresó avergonzado pero anhelante para colocarse como había estado cuando le sobrevino la brusca contracción intestinal. Lo hizo tan pronto como, a instancias de la esclava, se limpió hasta los muslos y los tobillos con la funda blanca que cubría otro butacón, y mandó ella que él mismo se hiciera una ablución por detrás y por delante con el agua de Bagdad de un pomo que tenía siempre sobre el escritorio. Pero, confuso a causa de ese quehacer, no volvió a colocarse frente a la pared sino ante la esclava y ésta enfurecida lo azuzó en el vientre:

–Vete a la pared como estabas, rastrojo de hombre, no quiero verte frente a mí como estás, maldito (se reía la esclava), un reloj sin péndulo ¿para qué me sirve?, sólo te queda la esfera, no quisiera ver más ese aborto de la naturaleza que parió una jicotea (reía burlona). Quítala de mi vista. ¡Vuélvete!, ¡anda, ponte a gatear! —le impuso y el señor Esteban anduvo a gatas recibiendo en esa miserable disposición los latigazos y puntapiés de la esclava, a los que respondía con sílabas exaltas de aceptación y nombrándola con amorosas frases en su desesperación: "¡Ángeles, delirio del alma!". "¡Diosa de mi corazón!". "Sirena mía". "¡Oh mujer divina!". "¡Ángeles, mujer divina, no te canses alma mía!". "Mujer divina, mujer divina...!". Cállate ya, Esteban.

A Ángeles le parecía excesiva la aplicación del remedio y paró de descargar el fuete pero el amo no cambió de postura. Con gestos apelativos, regresó a la pared con la nalga aupada y su onomatopéyico "¡Hinn, hinn! ¡Así, Diosa de mi corazón...!", sin dejar de protestar por el breve interludio.

Si sonoros eran los azotes, no lo eran menos los gases que expulsaba en esa posición, obligando a Ángeles a taparse la nariz con un pañuelo perfumado.

–Entonces prepárate, claro que no te ha bastado, ya lo veo —dijo con la voz distorsionada por el pañuelo y descargó sendos latigazos en los muslos y las caderas del Señor. Las flechas de dolor le encandilaron los ojos. Tan grande conmoción lo mareó y tuvo que apoyarse en el espaldar de otro butacón arrastrando otra funda que le resultaba imprescindible.

–Sal de ahí, si te paras entonces no acabamos nunca. Salta como un negro; la danza del fuete para tu esclava, vamos a ver cómo la haces —le daba órdenes (órdenes conocidas del amo). "Sí mi Diosa, dime que debo hacer, yo te obedezco, tu verás", dejándose azuzar con el cuero cordobán por las corvas, las nalgas, las caderas, los brazos y expresando repetitivo ¡Hinn, hinn! De conformidad y reclamo. Brincaba sujeto ahora a una cortina que desprendió exorcizado cuando un fuerte cuerazo le alcanzó el talón de Aquiles.

Tenía el rostro enrojecido y los ojos llorosos. Se sentó en el piso para frotarse el talón de Aquiles acalambrado y sintió el látigo volviéndolo a marcar, esta vez en las gruesas pantorrillas lampiñas:

–Vamos, levántate pronto —la voz calma pero autoritaria de Ángeles le dio un nuevo aire. Resultó la sacudida imperiosa que los satisfaría.

–Espera, Sirena mía, me levanto, ya me levanto.

Su esclava favorita le aplicó el remedio varias veces más en las caderas, lo más duro que podía.

Y fue cuando él empezó a experimentar el cambio que apetecía.

Suplicó:

—Anda, pégame más, mi Diosa divina, adorado verdugo, pega como un hombre, eso es, como un hombre pégame sin parar —imploraba. Ella sabía que su furia lo ayudaba y le echó en cara lo que más le dolía a él aceptar:

—¡*Hermafrodita corrompido, hermafrodita del infierno* eso eres!, un caracol extraño, ¿eh?, *hermafrodita pretensioso*; una flor, una lombriz de tierra. No quiero sacarte sangre; no quiero a menos que sea por accidente, aunque me lo ruegues. ¡Demonio de caracol!, tú me has enseñado esas palabras, pervertido, cochino —le pegó en los brazos y lo instó:

—Apúrate, Esteban, que me entran ganas de matarte.

—Mátame —contestó exultante.

Tambaleándose pero embriagado de felicidad sintió una bofetada que le hizo abrir la vieja cicatriz en el bezo que simulaba con la barba rala. La sangre de nuevo. La voz conminatoria de: "¡Anda, corre!", le produjo el efecto perseguido.

Echó a correr sin dejar de mirarse para donde él quería: Ángeles, resuelta, lo esperaba de pie en cada vuelta a la redonda del despacho pegándole por cualquier parte del cuerpo. Le pegaba con ganas, repugnada de sí misma, de ha-

berle parido dos hijas hermosas y sanas a ese bo-
chornoso aborto de la naturaleza, depravado in-
corregible, dijo Ángeles.

Él, en cambio, observándose enardecido
porque se espesaban sus bolsas, anunció: "Ya me
pesan más de una libra las dos juntas mira, en-
gordan". "Esfera de reloj sin péndulo", lo había
nombrado Ángeles, pero ya le estaba apareciendo
el péndulo. Aunque (¿cómo él no iba a saberlo?),
sin tanta longuera, ni grosor que lo distinguiera
por arriba de otros, y mucho menos si lo compa-
raba con los siempre encrestados atributos de los
eunucos *spadones* Jenofonte y Pausanías, prestos
a dar el golpe en el orificio que fuere al primer intento. Pero el suyo —más discreto— se le estaba
retrepando con ímpetu, en cada vuelta y con
cada fuetazo, y venía nervudo, diamantino (sobre todo diamantino), obstinado en la voluntad y
el deseo de reanudar su mágica función repro-
ductora, lo cual no podían hacer los *spadones* con
toda la augusta longuera encrestada de que hacían gala. Mientras él era el mejor reproductor de
la comarca. Casi infalible en la primera entrada.

(Pensaba: "Así, como el soldado de Palos
de la Frontera en la conquista, de quien sólo recordaba el apellido de Álvarez, que en tres años
engendró treinta y seis hijos, diez más que él en
igual tiempo —en vientres de hembras americanas.
Era poco. Mejor sería para él, sí, para este hombre
que padece, el modelo de Álvaro de Luna, a quien
le parían sesenta indias cada semana, de las que
estaban a su servicio, no en su camino de con-

quistador de tierras, porque de la parición de esas hembras naturales que aparecían en el camino, no hubo nunca un escrutinio histórico).

–Maratónico, lo del otro... maratónico Ángeles, mi Virgen Milagrosa, mi verdugo, maratónico, pégame, maratónico, maratónico... mara... mara..., mira...

–Estás delirando, no delires ¿que quieres decir que no entiendo?

Estaba tan contento con la obstinada prevalencia masculina ya tan evidente, que evocaba en voz alta al coloso Hernán Cortés en el imperio de Moctezuma y su miscegenación sin paralelo en harenes improvisados de indias mozas. El renovaría el suyo de pardas y negras criollas y de princesas africanas que venían como bozales.

Dejó de correr y de recibir fuetazos cuando Ángeles colocó el látigo sobre la tapa del escritorio.

Jadeante y tembloroso, mostrándose ante su esclava con tanto realce como le era posible, retrepándole por momentos espontáneamente su atributo predominante, se encaminó al aposento de la favorita, la conducía, infatuado, regio, cogido a ella del brazo más bien para evitar caerse medio mareado por el fuete, con flojedad en las piernas, inestables las rodillas.

En el vasto lecho el Señor del harén, curvándose, revolcándose de felicidad, enroscándose, *haciendo caracoles* con el cuerpo adolorido. Volteretas van y volteretas vienen en torno a la hembra, torciendo siempre el camino deseado (por más que trataba de encontrar la posición adecuada) no conseguía acoplarse y alargaba el tiempo del "cortejo" tentacular, entrelazando los cuerpos. Lo traicionaba el maldito nerviosismo, el querer estar mirándose el milagro todo el tiempo, de allí los desaciertos. Debía agregarse la dificultad (proverbial en él) para hallar la mejor forma de mantenerse machihembrado en las volteretas y espasmos, por causa de la discreta longuera que alcanzaba su diamantino reproductor, y qué decir de la manifiesta indiferencia de Ángeles. De manera que compulsado a las acciones impulsivas (desatinadas) sólo logró alcanzar con ella la baja unión ineficiente, copulando de manera precipitada y errático siempre fuera de la demarcación.

No obstante, complacido de la plenitud que (en lo fundamental) había alcanzado, se pronunció numerativo, entre los ¡Hinn! susurrantes y sílabas entrecortadas:

–¿Ves?, no puedes considerarte ahora esclava del caracol; los buenos remedios son dolorosos, Ángeles, pero devuelven la vida. Déjame respirar un poco (respiró profundo). Es renacer, cada vez que adivinas el momento en que me va a suceder. Ángeles (decía tendido en la larga cama punteándole la espalda a la favorita con los dedos de la mano como muestra de afecto o agradecimiento). Oye, esta vez parece que me equivoqué y mi *mal de pasión* se adelantó. Lo precipitaron los eunucos *spadones* queriendo animarme más de la cuenta con sus bufonadas cuando me bañaban y se pusieron a jugar conmigo un juego que llaman

al *lingam* y el *yoni*, según la cábala del turco. Ino-
centadas de bufos de emires, me ha contado el
mercader. Pero te confieso que por la tarde nunca
como antes, sentí tanta envidia de la esbelta longuera de los dones sanos de Jenofonte y Pausanías,
mientras hacían sus bufonadas me fijé que casi
no tienen pliegues, en verdad no tienen, y me re-
movieron la envidia que sentí ayer —te lo dije—
de la alabarda que se gasta el cochino cochero
aquel, cuando el muy desgraciado, impúdico y
exhibicionista u ordinario, se bajó del carretón a
mear en el camino a pleno día con tal desparpajo.
Lo expulsé del predio. Yo todo te lo cuento sobre
mí, todo, todo. En cuanto a los bufos, ¡mírame
Ángeles! (Ángeles no se volvió). Bueno si prefieres
sentirme así... lo que decía, a ti no te puedo men-
tir; sólo eso ocurrió con Jenofonte y Pausanías, lo
que te acabo de decir, sus bufonadas, hacen cada
cosas esos pillos. ¿Sabes?, cualquier hombre los
envidiaría (siguió punteándole y palmoteándole
la espalda). Siempre tuvisteis razón, debí devol-
ver a los *spadones*, desgraciados consoladores del
César. Desde el día de aquel engaño debí devol-
verlos, el engaño ¿recuerdas? De las voces angé-
licas de los eunucos para la melodía del canto
(hipaba casi ahogándose arrodillado ahora tras
las espaldas de la favorita que se había sentado a
los pies de la cama deseosa de escapar de su cal-
vario), la melodía del canto te lo acabo de decir,
que yo quería para el concierto del Año Nuevo, y
como ya sabes luego ocurrió que (reía de manera
rara porque estaba demasiado agitado)... ellos

desafinaban ¿qué yo voy a contarte si tú lo sabes?
Me engañaron, ellos no, el otro. (Ponme más atención, Ángeles) ¿te acuerdas? y ya después aparecie-
ron sus longueras y no cantaron. Di algo Ángeles,
¿estás sintiéndome?, obedece a tu amo, o protesta
—decía comunicativo al parecer disfrutando de
los pormenores del relato por ella de sobra conoci-
do y reclamaba respuestas pero como cada palabra
pronunciada por el amo destruía su apoyatura,
la esclava reaccionaría airada, estaba evitando hacerlo porque sabía que él quería provocarla mali-
ciosamente, lo cual lo excitaba en extremo así que
le respondió tocándole la fibra más delicada y
compleja:
    —Está bien, te oigo y te siento y como estoy
viva te siento Esteban pero, por favor, saca a las
niñas de nuestro lado y de este harén infernal y
cruel. Tú estás podrido, cada vez más podrido, y
nos has podrido a todas, en primer lugar a mí, sería
mejor que me colgara de un árbol. No demores
en embarcar a las niñas con sus hermanos a Nueva York. Ya son unas mujercitas, aunque nunca
más pueda volver a verlas sácalas de aquí, asque-
roso. No tienes que mentirme, conozco tu mal y
tus vicios y no sigas culpando a esos infelices eunucos *spadones* —lo dijo desafiante pero con
aprensión porque las actitudes de él variaban
cuando satisfacía sus enfermizos apremios ma-
soquistas. La esclava favorita se mantuvo a los
pies de la cama renuente a complacerlo en otras
cosas y él siguió en su práctica y hablando:
    —En cuanto a Jenofonte y Pausanías, haría

triturar sus longueras en el molino (hipaba) o debajo de las ruedas del ferrocarril si se atrevieran a acercarse a cualquiera de mis hijos, hembras o varones: ellos no lo harán, no lo harán Ángeles —lo escuchó asegurar aferrado a su espalda manosearle los pechos.

Ángeles supo aparentar la más absoluta frigidez como respuesta a sus retozos, e impasible se apropió de la palabra:

—¿Y acaso nosotros somos mejores que ellos, que Jenofonte y Pausanías? Deja de hablar lo indebido, desgraciado. Vete con otra; con quien se te ocurra, ya yo hice mi tarea, déjame tranquila, no te quedes en mi aposento; no quiero mirar el resultado de mi desempeño contigo, tengo que admitir que, por lo menos, los eunucos no te dejan en la piel marcas visibles. No sigas manoseándome y frotándote en mis espaldas como un perro sarnoso a un palo, Esteban, vete a otra parte (el hipaba en su desfondada pasión). Vete, no quiero sentir tu aliento en mi cuello (ya no la oía, no podía oírla; con arrebato irrefrenable, arrodillado a sus espaldas, ronco de tanto hipar y jurar que trituraría en el molino las longueras de Jenofonte y Pausanías si tocaban a sus hijos —como su preferida letanía del paroxismo—, estaba vertiéndose ruidosamente abracado al cuerpo de aquella estatua en que su esclava favorita se había convertido en demostración de resistencia).

La excusa del Señor del harén:

—Tu cuerpo sonoro tuvo la culpa (hipó), te lo debo a tu furia, después de lo que conseguistes no puedo parar, protesta, anda desgraciada, protesta, ladina, sigue protestando y no podrás conmigo —terminó insultándola.

—Cualquier cosa debes hacer menos que tus hijas te vean los ojos enrojecidos, las manos hinchadas, renqueando y con el hipo que no se te acaba de quitar —las palabras tranquilas de Ángeles desbordaron su ira:

—Como tú bien dices, Jenofonte y Pausanías, simpática pareja, no tienen la culpa de nada. Debo aceptar que soy una especie de caracol —mentaste tú el nombre de mi rara naturaleza, quizá tengas razón *hermafrodita*— y no quiero oírtelo repetir. No me suena agradable a los oídos aunque como tal mi cuerpo ocasionalmente se comporte, como un caracol o una flor de esas que tu cultivas, el estambre de cualquiera de esas flores sería quien te habla, en un ciclo natural de maduración temprana, no entiendes, claro pero —entre tú y yo para que aprendas— este hombre, el padre de tus hijas, y de tantos más (que no puedo acordarme), está amparado por el Derecho Romano, criterio que sustentan las Partidas de Alfonso el Sabio, rey de Castilla y de León. Debes saberlo, algo más que te enseño. Soy un hombre y soy tu amo, sobre todo tu amo, no lo olvides.

—Que retahíla de cosas, Esteban. Me es difícil razonar sobre lo que quieres decir, no pienso que hayas enloquecido así que debes estar hablando algo con juicio y tener razón —se miraban desnudos frente a frente en el medio de la habitación.

–La tengo, tengo razón. En cuanto a esos "infelices" eunucos *spadones*, mis *bufos* que para ti no tienen culpa de nada de lo que me sucede (son tus palabras) no hay otra cosa más que hablar. Algo que tenía presente y no te había comunicado lo diré ahora: he de gratificarte lo haré. Yo no te satisfago, eso no es nuevo y tiene su explicación, según la cábala del turco a la cual me atengo yo tengo un *lingam* de liebre, o para que entiendas mejor, de perrito pequinés, y tú en cambio un *yoni* de elefanta o de cebra salvaje, por lo tanto la diferencia es abismal, siempre ha sido así y no pones de tu parte para compensarme (ella se dirigió a un perchero para tomar unas batas). Pero en cambio sabes lograr lo que ninguna de mis otras concubinas y es el remedio que yo necesito.

Se puso la bata de seda que ella le había entregado.

–Me das la bata no quieres o no puedes ya seguir viendo este organismo revivido gracias a ti, él está pidiendo a gritos emplearse en unas cuantas vírgenes. Bien, por eso te gratificaré. Esta noche (hablaba caminando hacia la puerta) te mandaré a Jenofonte el *spadón* más bellaco de los dos para que esté contigo por la parte que yo no pude hacer, tenlo el tiempo que quieras, hártate, ellos no parecen cansarse nunca y es parte de sus funciones en un harén, pero los muy sinvergüenzas, Ángeles, dejan de cumplir sus deberes por la curiosidad que yo les despierto, seguramente es por eso. A ojos vista yo les resulto más incitante, no sabes lo que quiere decir esa palabra, o a lo mejor sí, pero ellos no lo saben para que entiendas, yo soy más entretenido para ellos, como bufos que son. No podrás imaginarte las ocurrencias de esa pareja. Se volvió para mirarla de frente—: Mujer Divina, te prometo que mañana yo mismo te traeré a Pausanías, o será mejor que yo te los traiga a los dos, me interesa medir la obediencia de mis esclavos trabajando los tres juntos para mí. Sabes mucho, ladina: esta bata de seda que me has dado no me lastima en absoluto (se la abrió con las dos manos), es muy diferente al quimono brocado con hilos de oro. Querría seguir oyéndote Mujer Divina, mi adorado verdugo, pero, ¿qué es esto?... fíjate bien en lo que tu logras con tu furia ¡mira que retrepar intranquilo y hasta apreciable longuera diamantina!, ¡por la Santísima Trinidad...! Gracias, Mujer Divina.

–Pervertido, caracol inmundo, que asco me das depravado, cochino maldito, ni los más repugnantes animales se comportan como tú.

–No me provoques más con esa furia, basta, Ángeles —sonrió con malicia y salió orondo.

LA TÍA

Esther Díaz Llanillo

La tía tenía muchos años. Mirándola de perfil, con su nariz un tanto aguileña, los ojos adormecidos, el labio inferior sobresaliente, el mentón en punta y el cuerpo escuálido, su aspecto rememoraba levemente el de aquellas brujas de la Edad Media que solían pasearse por los bosques tenebrosos de las leyendas. Pero, vista de frente, la tía era simplemente un ángel desvalido, con sus bellas alas partidas bajo la lluvia de la madeja purísima de sus canas. Ambas visiones: la aterradora y la beatífica, eran la tía.

Sentada en el sillón de seminválida, trasladándose a cortos pasos con la ayuda de alguien, rogando, pidiendo, exigiendo, imponiendo una imperiosa atención a todos, la tía sin nosotros no existía y nosotros, con ella, no podíamos existir.

Sus agudas manos de titiritera nos manejaban como figuras frágiles, estremeciéndonos

Esther Díaz Llanillo (1934), narradora. Ha publicado dos libros de cuentos: *El castigo* (1966) y *Cuentos antes y después del sueño* (1999).

de un lado al otro de su escenario. Era el derecho respetable y respetado de su ferviente ancianidad. Su ritual de cada día, de cada noche, nos volvía simples acólitos sin más derechos que a esperar.

Esperar ¿qué?: su voz, su mando, su ruego su grito, su horror en la noche, cuando parece que ha llegado el momento de la muerte, su yacer dormida en medio de las sombras, con el huesudo rostro pálido, sereno; los dedos apretados como en una oración, la boca entreabierta, el ronquido estentóreo de la agonía próxima (¿viva?, ¿muerta?), en su lecho.

Sin embargo, de día, ella se me aparece: la siento que se mueve ágilmente tras de mí: me vuelvo asustadiza al verla en la cocina: sus apagados ojos tratan de decir algo y su simple presencia es un grito de espanto en medio de la tarde. Pero es falso, la tía está en la sala, la veo sentada en su sillón rodeada de almohadones. Entonces me pregunto: ¿cuál es este rostro que me mira?, ¿cuál de los dos rostros de la tía?

La tía ha muerto. La enterramos. Lloramos sobre su recuerdo, porque la liberación llega con la ausencia de la tía. La casa está llena de esa ausencia de sus cosas, de su cuerpo que aún parece encontrarse en los rincones habituales. Escondemos su ropa, desplazamos sus muebles. Nuestro alivio aún no puede reconocer esa piadosa ausencia que nos deja sin destino inmediato, desorientados, ¿vivos?

Pero no estamos solos. Entonces lo presiento: allí, detrás de mí, en la cocina, ella me mira.

Su cuerpo se me acerca, se funde con el mío. Sus manos tan agudas transparentan las mías.

Su carne tan estéril se filtra entre mis carnes. Sus ojos ya pesan en mis ojos. La boca desdentada está en mi boca firme. Entonces lo comprendo: ya desde ahora y más aún mañana, cuando pasen los años, yo soy, seré la tía.

LOS CUARTOS

María Elena Llana

Qué lástima, dijo Olga recorriendo con ojos apenados la hermosa geografía del arbolito de navidad, anacrónico desde hacía veinticuatro horas, cuando los Reyes Magos dejaron los regalos junto a su base cálidamente nevada en algodón.

Marina, que por entonces estaba en un periodo de benevolente indiferencia, se alzó de hombros y le dijo que si le daba lástima, no lo quitara.

—¿Dejarlo ahí más días? —preguntó Olga.

—No.

—¿Entonces?

—Dije que no lo quitaras.

La miró sin comprender y recibió el silencioso mensaje de aquellos ojos verdosos y autoritarios. El mensaje decía claramente déjalo para siempre. Olga asintió aún confusa, después se llevó las manos a la boca para contener la risa: ¡un arbolito de navidad perenne!

María Elena Llana (1936), periodista, narradora y poeta. Ha publicado tres libros de cuentos: *La reja* (1965), *Casas del Vedado* (1983) y *Castillo de naipes* (1998).

Y no lo tocó. Los niños se regocijaron al volver de la escuela y hallarlo allí, pero una semana después comenzó a molestar un poco, porque todo el que por alguna razón llegaba a la casa preguntaba qué estaba pasando que no lo acababan de desmontar.

Fue entonces que decidieron llevarlo al cuarto de atrás, una habitación donde, a partir de entonces, siempre sería Navidad. Eso ahorraba esperar la beatífica alegría por decreto de diciembre, pues bastaría entrar a la habitación y, previo acuerdo, cenar el 24 con lechón y rabanitos, trincar el pavo el 25, tragarse las doce uvas el 31, y dejar que los villancicos fluyeran sin limitaciones epocales. Por supuesto, cada día seis, amanecería regalos al pie del árbol.

René dijo que estaban cada vez más chifladas y Esteban ni siquiera movió la butaca, donde tomaba su tacita de café después del almuerzo, para facilitar el traslado. Olga y los niños avanzaban por el pasillo a duras penas, mientras Marina, allá en el fondo, decía cuidado, despacio, un poco a la derecha, la estrella se cae, ahora sí, ¡adelante!

La iniciativa fue base de otros planes. Si había más cuartos en la casa, por qué no perennizar las buenas temporadas en ellos. El Circo, exigieron los niños; el Carnaval, dijo Martica que ya despuntaba y era muy fiestera. Y Marina, en su calidad de neo devota, adquirida después de los cincuenta, acotó que en ese caso, también debíamos recordar la Semana Santa.

El entusiasmo colectivo hizo avanzar todo aquello bastante bien. En marzo, además de una carpa en el jardín y del cuarto del arbolito ya teníamos uno con serpentinas, globos, caretas y una prudente provisión de arlequines, patinadoras y gitanas. Y otro con imágenes y paños morados, muy bien ambientado por Haendel y cuanto réquiem encontramos entre las amistades.

Nada pudo hacerse en paz, pues los curiosos menudeaban, llegaban falsas visitas cuyo propósito era husmear pero no hay fundación sin dificultades. Los hombres se pronunciaron por un plan de eterno verano que hizo cavar una piscina en el sótano y adjuntarle un bar en el cual siempre había una delegación de zánganos amigotes. Y no faltó la imposición de Renecito de habilitar un garzonier en el cuarto de desahogo de la azotea, único espacio aún disponible. Razón no le faltaba. Si todos disfrutaban de sus regocijos a domicilio, ¿por qué tenía él que andar por ahí trotando sus ardores juveniles si resultaba tan sencillo conectar una lámpara roja y traer a una rubia oxigenada? Por suerte la muchacha resultó anodina y se acostumbró a comer en la mesa del patio con la trupé del circo, la cual se había instalado en el jardín, en torno a la jaula del añoso león cuyo domador también era maromero e intercambiaba inescrutables charrasquillos con el payaso. El grupo incluía a una ecúyere que ni tenía ni pidió caballo, y todos llegaron de alguna empresa fracasada en esos caminos de Dios, orientados por la estrella de los rumores en torno a nuestro proyecto.

Cuando alguien descubrió que no teníamos cuarto de ciclones, la cosa se puso fea pues todas las habitaciones sobrantes estaban en uso, pero desactivamos un baño grandísimo que había en el fondo, ya por entonces sólo frecuentado por un viejo fantasma angúrrico y allí pusimos un buen ventilador, un farol de luz brillante y una hornilla para las chocolatadas anexas al meteoro. Resultó asombrosamente remunerativo pues algunas amistades se divertían enviándonos donativos de damnificados, aunque muchas veces, como ocurre con los ciclones de verdad, sólo mandaban las basuras de la casa.

¿Qué tiempo pudimos abatir el tiempo, aislados del mundo en nuestra propia casa? No lo sé... creo que el entusiasmo duró todo lo que pudo. Pero los niños crecieron y a ninguno le interesó un proyecto de fantasías ambientales en plena era electroacústica. Renecito, graduado de ingeniería en fiordos, una carrera de dudosa perspectiva en el país, se fue para Holanda después de casarse con una turista de allá que iba para Aruba y se equivocó de isla. Olga, casi postrada, canturrea sus villancicos en cualquier rincón de la casa, por lo que puede prescindir de los cuartos. Marina, cada vez más devota, prefiere la vida congregacional de la parroquia. Sus respectivos esposos, ya jubilados, pasan la mayor parte del tiempo en los parques donde se reúnen con sus coetáneos, con quienes suelen hablar de los cuartos como una más de las buenas cosas pasadas. Martica obedeció el bíblico mandato de se-

guir a su marido, un Barrabás que evade la pro-
creación por no sé qué preocupaciones cromosó-
nicas con las que la responsabiliza a ella.

En definitiva, me he quedado sola en esto
de recorrer las habitaciones de nuestra antigua
alegría, cuyos decorados se depauperan a ojos
vistas... Con frecuencia me reúno con los personajes de aquella puesta en escena que, tras el de-
ceso del león, no tuvieron a donde ir, excepto la
ecúyere que se contrató en una firma extranjera
de inflar globos.

Comemos juntos en la mesa de la cocina y
de cuando en cuando organizamos una navidad,
un carnaval, un ciclón o una semana santa. En
esas ocasiones, el payaso bozalón tiene la delica-
deza de ponerse una bola roja en la nariz y la muchacha baja con una de sus batas transparentes.
Generalmente nos miramos con cariño pero no
hacemos ni decimos nada, temerosos de desento-
nar con el lugar, pues desde hace algunos años ya
no sabemos bien en qué cuarto estamos.

EL BÚFALO CIEGO

Mirta Yáñez

*Para Manuel Carralero
e Iván García*

Durante mucho tiempo yo había llevado conmigo a todas partes una moneda que era algo más que un amuleto. En pueblo chiquito todo se sabía, pero el mío era un secreto bien guardado. Me siento obligada a una confesión inaugural: desde muy temprana edad me gradué de mosquita muerta. Y con altas calificaciones, que conste. Porque las primeras nociones que no encontraron acomodo dentro de mi cabeza fueron el hallazgo de esa moneda y la facha de mi pueblo.

Por ese entonces, si alguien se ponía a hablar de lugares lejanos, salían siempre a relucir varias casas y se decía "en casa de yuca, en casa del demonio" e incluso "en casa del carajo". No me voy a detener en los probables orígenes de esos domicilios; más aún, hablando del infierno, también era frecuente oír aquello de "donde el diablo

Mirta Yáñez (1947), narradora, ensayista y poeta. Posee una amplia obra publicada en todos estos géneros. Sus cuentos para adultos están reunidos en el libro *El diablo son las cosas* (1988).

dio las tres voces". O se señalaba una zona ignota de la geografía como la Cochinchina o las Quimbambas. Aunque lo más corriente por esa época que cuento era declarar que mi pueblo, Esmeralda, estaba en el culo del mundo.

Estoy de acuerdo que ello no puede catalogarse como una frase muy bonita ni poética, mas tenía la ventaja de que resultaba gráfica para expresar la sensación exacta que se derrumbaba sobre uno al recorrer los kilómetros y kilómetros orillados de monótona caña que separaban a Esmeralda de la ciudad cabecera. Y ni qué hablar del quimérico camino que unía mi pueblo con la reluciente Habana, apenas vislumbrada en sueños y en recortes de periódico.

Esmeralda tenía nombre de joya verde, aunque en tiempos de sequía se mostraba como un lugar polvoroso y, añadiría yo, perdedor. El único sitio que operaba como claraboya a la rutina era la estación de ferrocarriles. Las tejas rojas de su techo enmarcaban con nitidez el apeadero que yo estaba segura de haber reconocido en más de dieciocho películas con indios y vaqueros. No faltaba en aquel andén el matojo seco arrastrado por el viento. Encima de todo, la estación se llamaba Woodin, lo cual empataba a la perfección con la imagen de la diligencia, el *saloon*, el letrero con su nombre corroído por el aire de las praderas que llevábamos inculcados hasta el tuétano gracias a la Metro Goldwyn Mayer. Y a pesar de la ausencia en la tal Woodin de emociones peliculeras, seguía siendo el paraje mágico por donde llegaba la novedad. La casa de mis padres apenas distaba unos cincuenta metros de la estación de trenes, separada de ella sólo por una bodega de aparatosas columnas dóricas, jónicas o corintias, no pudiera precisar más. Así que mi entretenimiento favorito y nada original, consistía en vigilar las entradas y salidas de los trenes o de toda cosa capaz de moverse sobre aquellos rieles.

El vecindario me conocía bien. La hija única del notario muerto de hambre, tampoco nada original que digamos. Una niña del común, con inclinación a la torpeza de movimientos y de lazos, sin relumbrones escolares ni reportes de mala conducta. Por la reputación de silenciosa y casera, mis tapujos con la moneda no resultaban escandalosos. Yo, claro está, y vamos a dejarlo dicho por escrito, me creía un ser de otro mundo. En serio.

Cuando digo de otro mundo no quiero decir sólo excepcional, o más inteligente que el resto, sino además, al pie de la letra, llegada de otro planeta. Sin comentarios al margen, por favor.

La culpa de esa creencia estaba repartida entre las transmisiones radiales que escuchábamos con ansiosa fidelidad mi madre y yo, al mediodía o al atardecer, sentadas en el portal, mientras se aguardaba la llegada del correo o la prensa por la consabida terminal Woodin, y las ínfulas que se me habían pegado desde que mi padre me permitiera registrar a libre antojo su abigarrada biblioteca. Allí trasteaba, mañana, tarde y noche, sin límites de ningún tipo. En mis incursiones por los libreros, vitrinas, bargueños, rinconeras, armatostes, me embelesaban por igual los novelones ordenados sin ninguna lógica, emparentados gracias al polvo y la humedad, como también aquellos libracos de lomo gastado y temática saltimbanqui que se presentaban bajo el rótulo de "enciclopedia". Ni qué decir de una descomunal tonga de revistas en colores e idioma extraño, repletas con láminas de todo el planeta Tierra, ese mismo que yo tenía apremio por conocer de la Ceca a la Meca. El ritual se completaba con un globo terráqueo, desteñido y abultado por lugares impropios, el tintero con cabeza de fauno y la figurita de un Quijote de bronce, trofeos de la carrera de mi padre por la Universidad.

Creo que el pobre notario de apellido Balboa y de bautizo Silvestre, peliaguda broma o manía histórica de mi abuelo que le hizo a papá muy poco llevadera la vida, repito, creo que mi pobre notario no atisbaba peligros en la plomiza chiquilla que yo daba a entender. Ya por ese tiempo se me había revelado con claridad la necesidad de mantener oculta mi condición planetaria. Si los otros hubiesen llegado a descubrir mi verdadera personalidad, habría estado perdida. Me remitirían sin conmiseración a no se sabía qué calabozo o, peor, un convento donde recluían a aquellas que osaban romper la regularidad de Esmeralda. Al menos algo de eso había ocurrido con una prima tercera, después de unos amoríos con un desconocido, tal vez un marciano.

Mi intuición me advertía que lo distinto

suele ser castigado. Y yo era nada menos que una aborigen de otro mundo.

Otro hecho a tomar en cuenta: por mi casa transitaban personajes de variada naturaleza. Ya fuese por consultas profesionales, por la cercanía de Woodin o por el café de mi madre, los sillones de nuestro soportal participaron de un desfile heterogéneo de posaderas. Y había que oírles hablar. Alguno de ellos, no recuerdo quién, ni ya importa mucho, me hizo la confidencia de cierto dato. Se trataba de la existencia de una moneda de cinco centavos, lo que se llama un nickel, con la efigie del búfalo, normal y corriente. Nadie debía saberlo, el asunto era encontrar la pieza sobreviviente de una acuñación singular, con su búfalo a cuestas, el nickel consuetudinario, pero fechado en 1914. Y ahora viene lo mejor: tenía el valor de un millón de pesos.

El tono convincente y misterioso de mi confidente, más la data histórica relacionada con la primera guerra mundial, dieron sobrados visos de realidad a la narración. ¡Un millón de pesos! Sólo mencionar esa cantidad daba vahídos. Era una cifra astronómica y se equiparaba en mi fantasía con las distancias años luz entre las estrellas. Por cierto, también años luz se situaba La Habana en ese entonces. Ninguno de mis sueños se atrevía a abarcar tanto. Miraba hacia la estación, pitaba la locomotora, empezaban a moverse con lentitud los vagones y mientras contaba travesaños, traviesas, polines, durmientes, hasta el infinito, calculaba convulsivamente todo lo que yo sería capaz de hacer con una moneda como esa. Y tenía que parar, sentarme, pensar en otra cosa, en las musarañas, porque me daba vértigo.

Un día que parecía otro de tantos, pero de esos que sólo luego se clavan en la memoria, un fogonazo entre una camada de jornadas semejantes, mamá me envió a la bodega de columnas dóricas, jónicas o corintias, para comprar algo tan vulgar como una peseta de alcaparras. Pagué con un billete de a peso y al recibir el vuelto lo sopesé en la mano por costumbre, sin mucha fe. ¡Caballeros! ¡Allí estaba mi moneda! Había caído en mi poder el búfalo rotulado en 1914. De más está decir que aquella sobrecogedora aparición entre soeces pesetas fue recibida por mí como un anuncio del sitial al que estaba destinada, lazos, uñas sucias y rodillas despellejadas aparte.

Regresé a mi casa temblando con catadura de pichón mojado y mamá confundió mi frenesí con unas fiebres palúdicas que andaban en boga. Decretó la alarma infecciosa y fui metida bajo cinco colchas con una botella hirviente arrimada a los pies. Después de tomar una asquerosa tisana me quedé dormida, tenía todavía en mi mano la moneda, brillosa por el lustre del tiempo y el churre de montones de dedos.

Durante toda la semivigilia nerviosa de aquella noche, percibía a mi madre como un conjunto borroso que se acercaba y se alejaba de la cama, sin alcanzar a penetrar en el hálito inefable que me rodeaba. Ya yo había entrado en posesión del primero de los mensajes de ese otro mundo, superior. A decir verdad, su imagen se me confundía con las versiones que tan a menudo oía repetir sobre La Habana.

Bajo la luz mañanera, ante la carencia de fiebres u otros síntomas, mi madre dio el visto bueno sobre mi salud. Como quiera que, de todas formas, yo continuaba bastante rara, no dejaba de vigilarme constantemente con curiosidad rayana en la nalgada. En el transcurso de ese día vacilé tres o cuatro veces entre hacerla o no partícipe de mi secreto. Mas preferí dejar a mamá en su inocencia. Cómo hubiera recibido de sopetón la noticia de que su hija era dueña absoluta de un millón de pesos.

Cuando logré al fin quedarme sola, verifiqué de nuevo la fecha troquelada en el borde de la moneda. Comprobé con alivio que nada había cambiado y allí seguía mi búfalo, con su perfil olímpico, un portento que cabía en una rendija cavada por cualquier comején y capaz de perderse por otros cuarenta años. Llegó así el momento obligado de encontrarle un escondite seguro. Lectora de episodios detectivescos, sabía que lo más evidente era lo que menos se ve. Así que en lugar de enterrar mi moneda según la tradición pirática o de construir un cajón secreto y gótico dentro del armario, la abrigué con papel de china rosado y la guardé en el fondo de mi caja de talcos. Ese búfalo bien se merecía todos los mimos imaginables. Pues en él se albergaba mi futuro y ¡adiós Esmeralda!

Cada noche, antes de dormir, desempolvaba la moneda, le daba brillo, la colocaba unas veces sobre mi frente y otras recostada al dedo pulgar. De tanto manosearla, llegué a convencerme de que el búfalo de mi moneda no andaba ajeno a lo que estaba sucediendo. Le dirigía, pues, unas peroratas larguísimas, aunque su cabezota nunca se dignó a darse vuelta para mirarme. Por ello me afirmé en la convicción de que debía ser ciego. Si no hubiera sido así, ya había tenido tiempo de sobra para reconocerme a mí, su dueña. Su ama.

Con todo y la ceguera de mi protector, el fondo de mi alma había cambiado. Dejé de compartir los sufrimientos económicos de mi madre y las zozobras de mi padre por mi suerte. Yo poseía el mensaje. Además, siempre estaría mi búfalo ciego para sacarme de apuros cuando yo lo precisara.

En lo adelante hice caso omiso a los programas de radio, ni tampoco prestaba atención a la hasta entonces atrayente Woodin. Cada vez que tenía una oportunidad, me encerraba a confeccionar listas de las cosas que iba a hacer con la ayuda del búfalo ciego. No tengo más remedio que confesar, con una pizca de vergüenza, el hecho de que en mis planes no entraba ninguna labor caritativa: no iba a donar mi millón de pesos para los niños huérfanos, ni a fundar una asociación de damas contra la poliomielitis, ni tan siquiera me proponía adquirir un banco de mármol para el parque de Esmeralda, que diera lustre al apellido Balboa. Nada de eso. Mis ambiciones eran de origen libresco, aventurero, explorativo. Y tenían una estrecha relación con la tonga de revistas, los novelones húmedos, la enciclopedia y el desteñido globo terráqueo. Mi búfalo ciego, pues, me llevaría al Islam de *Las mil y una noches*; a Casablanca, a un castillo medieval, en especial a aquel situado en el Mont SaintMichel con la marea baja; con él recorrería el Palacio de Invierno, Baker Street y el terruño de mis abuelos en Galicia; luego me retrataría junto a la banderita del Polo Norte y al lado de un trineo de perros en el Klondike; parrandearíamos por el carnaval de Río de Janeiro, cruzaría el Sahara sobre un camello y llegaría después a Tahití en una balsa parecida a la "KonTiki"; no faltaría la caza de leones en el África y la de una ballena blanca también, por supuesto; daría de comer a las palomas en la Plaza de San Marcos y oiría el estruendo de las cataratas del Niágara; seguiría la ruta de Marco Polo, navegaría el Amazonas y encontraría El Dorado; me treparía a la pirámide de Teotihuacán y a alguna que otra de las Siete Maravillas del Mundo; visitaría, faltaba más, la cueva de Tom Sawyer y la buhardilla parisina de Juan Cristóbal. Esto podría parecer un programa amplio, pero un millón era un millón. Mi búfalo ciego lo podría todo.

Es de suponer que mientras más pasaban los días, menos ganas sentía yo de revelar a mis parientes que tenían una millonaria en la familia. No estaba dispuesta a provocar un alboroto en Esmeralda ni tampoco que comenzaran a tratarme, desde tan temprana edad, con la deferencia que me merecía. Ya habría tiempo para ello. No quería abochornar a mis padres ni romper el plácido discurrir de Esmeralda.

Otro suceso vino, por esos tiempos, a provocar la ruptura de la tranquilidad pueblerina.

Enfrente de mi casa vivía un clan de ringorrango. Por lo que yo podía captar, la parentela estaba compuesta por un número indeterminado de ancianos, tíos, abuelos, cuñados, y además dos jóvenes casaderas. Mis dos vecinas rondaban la veintena larga y a mí me parecían también un par de vejestorios, no sólo por lo lejos que andaban los treinta años para una chiquilla que no rebasaba los diez, sino por sus vestimentas claustrales, los ojazos trancados detrás de la tiránica reja patriarcal y el pausado andar en el recorrido hacia la misa de los domingos, única caminata permitida a las señoritas Saínz. Se llamaban Silvina y María Isabel, aunque yo nunca anduve muy clara de cuál era una y cuál la otra.

Un día como otro, a las dos hermanas les entró la ventolera de largarse para La Habana. Un rumor chisporroteó como pólvora por toda Esmeralda. El escándalo explotó con fuerza sólo comparable al adocenado discurrir de la vecindad. ¡Semejante desacato a las leyes del comportamiento femenil, unas muchachas solteras que espantan el mulo, como suele decirse, sin que nada las detenga! No valía el llanto de tías y primas políticas, la indignación paterna, el desconflautamiento moral de cuñados y abuelos. Ni tan siquiera la "ninguna dote" que pendía sobre sus cabezas vírgenes. Era una vergüenza, comentaban mis padres en voz baja a la hora del almuerzo. Una horrible vulneración de las tradiciones más sagradas. ¡Esas señoritas Saínz estaban echando demasiado en cara!

Se anunció la partida, el sanseacabó, la cruz y raya, el apaga y vámonos, y la tarde de marras, un viernes de Pascua, salieron muy dispuestas con unos chulos sombreritos y unas maletas antediluvianas de color café, aunque algo sobrecogidas por la mirada condenatoria de todo el poblado de Esmeralda que se había dado cita para sancionar con la vista al par de réprobas. Caminaron la cincuentena de metros que separaba la reja patriarcal de la estación de ferrocarriles donde allí, una vez a la semana, se detenía el tren que entroncaba en Santa Clara con el anhelado convoy que llegaba a La Habana, la misteriosa y, según apuntaban, depravada Habana.

Yo también me atrincheré en la ventana de mi casa y las vi pasar. Mi corazón las acompañaba en aquel desafiante recorrido y dentro de todas las rogativas de fortuna que cruzaban por mi cabeza en ese momento, no dejaba de exigirle al búfalo ciego que les diese un poco de suerte. Qué bien les hubiese venido al menos una quinta parte de mi millón de pesos. Se me ocurrió esa idea mientras subían la escalerilla, y sobre el andén dejaban atrás una turba de chiquillos y unas cuantas personas con expresión hosca y dolida. Pitó la locomotora, ¡qué podía hacer! Salí corriendo como un bólido con mi moneda en la mano, llegué hasta el pie del vagón y allí descubrí la mirada anhelante de María Isabel, o sería Silvina, que se escapaba por la ventanilla y parecía encaminarse a un sitio muy lejano. Luego escuché un alarido, una especie de gorgojeo agudo como si algo se hubiera quebrado en mil pedazos. Dos segundos más tarde, bajaban del coche, Silvina o sería María Isabel, con la cabeza encorvada sobre el pecho; en tanto, su hermana sostenía aquellos ojos ávidos, clavados en un punto distante.

Ante el asombro de todos, recorrieron el trillo de vuelta hacia la casa. Cuando la reja se cerró detrás de Silvina y María Isabel padecí, por vez primera, un inaguantable sentimiento de frustración. Claro está que en ese entonces yo no usaba tales palabras, apenas acertaba a pensar que me habían arrebatado algo muy valioso, y juzgué duro, con la crueldad de la niñez, a esas infelices que no podían romper con todo aquello que yo resumía en una sola palabra, Esmeralda.

Esa misma noche, con la moneda escondida entre pecho y pijama, tomé una decisión: yo me iría para La Habana por encima de los huesos de Mazantín el torero, estudiaría arqueología y sería famosa. De mi parte jugaba el búfalo ciego.

La barahúnda en torno a Silvina y María Isabel no terminó ahí. A partir de aquel negro día, las dos hermanas regresaban al andén cada viernes de todas las semanas, con los dos sombreritos poco a poco más ajados y el par de maletas color café, desconchadas de tanto lleva y trae. Subían al coche, se acomodaban en dos asientos, los mismos siempre, y allí esperaban a que la locomotora pitara para descender y retornar tras la reja hogareña. Semana tras semana, que fueron después meses y meses. La gente empezó por tomarlo a pecho, más tarde a risa y finalmente la indiferencia cubrió el trayecto semanal de Silvina y María Isabel, travesía que tenía una pizca de Sísifo, otro poco de Tántalo y un bastante de quién sabe qué.

Pasaron los años y nada variaba en la vida de mis vecinas, aunque la historia cambió mucho en lo chiquito y en lo grande. También sonó la hora para mí y fue en forma de una beca de estudios en un instituto para niños sabelotodo. ¡Me tocaba al fin el turno de montarme en el tren con rumbo a La Habana! Por ese tiempo ya no me acordaba mucho del búfalo ciego, ni de la tarde aquella en que choqué con la mirada hambrienta de María Isabel, o quizá Silvina, dándose a la fuga por una ventanilla del vagón detenido en la estación Woodin. Además me había olvidado un poco de mi origen lunático.

Al despedirme con un abrazo de mis padres, miré sin tristeza hacia el oscuro pasillo de mi casa, a sabiendas de que ese era mi último día en Esmeralda. Pero ocurrió un suceso que empañó mi alegría. Al subir la escala del tren, me di de bruces con Silvina, o tal vez María Isabel; llevaba la cabeza gacha y la ojeada polvorosa de la sequía. Murmuró apenas unas palabras: "Nunca llegaría a nada". Esa frase, que no iba dirigida ni a mí, ni a nadie, me sacudió el corazón y la tomé como si hubiera sido un segundo mensaje de aquel otro mundo.

La historia que viene a continuación comparte la trivialidad de lo muy frecuente. Estudié con ahínco y bajo una remota reminiscencia de ese espíritu que me creía una elegida saturnal. Mis calificaciones fueron todas de sobresaliente, acumulé premios, honores y cargos. Seguía siendo una mosquita muerta, mas declaro en mi favor que no me faltaba talento, esfuerzo, un aire amable. Debo agregar que la época fue muy generosa conmigo y de vez en cuando me venía a la mente la guajirita de Esmeralda, ahora convertida en doctora en ciencias, jefa de un departamento técnico, con una casona de dos plantas en Miramar y otras yerbas que no vienen al caso.

De vez en cuando, en ocasiones de limpieza o traspapeleo, me tropezaba con mi búfalo ciego, relegado al traspatio de los desvaríos infantiles, despojado para siempre de aquel poder sin fronteras que le otorgara antaño la niña que una vez fui. Su estampa desentonaba entre mis razonables útiles de escritorio, pero me daba no sé qué botarlo, así que pasaba de un rincón a otro de la gaveta de cachivaches.

La semana pasada asistí a un congreso en la ciudad de Camagüey. Al regreso, no pude resistir el impulso de desviarme con el automóvil y cruzar por Esmeralda. En dos décadas mucho había cambiado. En pocas palabras, ajetreo de progreso. Mi casa ya no existía, aunque sí seguía allí la imbatible bodega con sus columnas dóricas, jónicas o corintias. La estación de ferrocarriles de madera y tejas, la sonora Woodin, dejaba ahora lugar a un edificio de mampostería. Sin darme a mí misma tiempo de recapacitar, eché a andar hacia el portalón de las hermanas Saínz.

No me sorprendí demasiado cuando divisé a Silvina y a María Isabel sentadas en sus balances de cedro, tras la reja, una de ellas con la cabeza inclinada sobre el escote de muselina negra y la otra con aquella mirada abarcadora, las dos hermanas detenidas para el recuerdo como en un daguerrotipo.

Haciendo gala de una confianza que estaba lejos de sentir, empujé la cancela y me senté sin pedir permiso en el zócalo del rancio zaguán de las señoritas Saínz. No mencioné el apellido Balboa, ni las historias de veinte años que habían transcurrido sobre el resto de las gentes, ni tampoco pronuncié muchas frases en la conversación que por más de cinco horas deshilé con María Isabel, o tal vez Silvina, mientras su hermana seguía el curso de la plática con la cabeza quebrada sobre el pecho, marcando penosamente el ritmo de las palabras con un movimiento de derecha a izquierda, leve, derrotado.

Por primera ocasión, en tantísimos meses, me descuidé de apuros y de agendas. La voz timbrada de María Isabel, supongo sería ella, relataba con vivos tonos correrías de trotamundos, de andarina fogueada, peripecias de pasajera ducha en todas las rutas veredas y océanos del globo terráqueo. De su palique, que sonaba tan natural a mis oídos, fluía un torbellino con el derroche y la pasión que no se exhumaba de ninguna enciclopedia, ni siquiera de aquella tonga de revistas geográficas. Su mirada anhelante parecía venir de vuelta de todos los recovecos de la sierra, y una felicidad esencial brotaba por los poros de esa viajera varada en su cartuja de Esmeralda.

En el camino de retorno me pregunté si todavía continuarían acudiendo a sus puestos en el vagón del tren, semana tras semana, y al instante me di cuenta de que eso ya había dejado de tener importancia.

Cuando llegué a la casa tuve tiempo de pensar dos cosas más. Esta es una de ellas: en una escala de tren, veinte años atrás, no fui capaz de aprehender el mensaje correcto. Y esta es la otra: me había pasado embistiendo la vida, sin verla. Estuve en un cónclave científico en Canadá y no escuché las cataratas; cuando visité París, olvidé la buhardilla de Juan Cristóbal; en Leningrado no me alcanzó el plan para recorrer el Palacio de Invierno; prefería mi automóvil a las balsas, los trineos y los camellos; en cuanto a las palomas de la Plaza de San Marcos, reconozco que me dieron bastante quehacer para evitar que mancharan mi vestido nuevo. Fui a la gaveta de los cachivaches y el pobre búfalo ciego se vio comprometido a oír unas cuantas malas palabras que no pienso repetir aquí y que estaban dirigidas, como es de suponer, a mi propia persona. Entonces su cabezota se volvió hacia mí y abrió de par en par los ojos. Debe ser el principio de la arteriosclerosis.

Hipótesis acerca del origen de una foto encontrada en la arena

Enid Vian

Seguramente el niño de la foto vio la silueta de la joven por primera vez frente al mar; y al perro después. El fondo azul del impreso es, sin dudas, marino, brillante como una ancha lámina de zinc, y la piedra en el extremo inferior parece haber sido pulida por las olas.

El que mire la foto siente soplar al mar, escucha el murmullo inconfundible que producen los misterios, el susurro que proviene del viento escarbando sobre la masa marina, buscando algo en lo más profundo del océano.

Es muy posible que la joven de la foto, la silueta, caminara por la arena esquivando los enredos de las algas y las natas transparentes de los dedalillos. Su figura adolescente probablemente se marcaba en el fondo gris, como se imprime en la pared una sombra chinesca. Alguien, un abu-

Enid Vian (1948), narradora y poeta. Ha publicado varios libros de literatura infantil. Sus cuentos para adultos están recogidos en el volumen *El corredor de tardes* (1998).

rrido, podía convertir un brazo en una serpiente, dos manos en dos alas, si jugaba con las sombras frente a una sábana, pero esta sombra, esta silueta también se recortaba contra el corazón, latiendo a su compás de tamborcito de organillero. Era como la sombra de un cervatillo perdido en la inmensidad de un grano de arena; un cervatillo de patas alargadas que se movía como en ensueños y no notaba más que la presencia de la brisa en su lomo, hecho también de recortes de ilusión.

Esta primera vez el pequeño —el de la foto encontrada en la arena— no se atrevió a acercarse a la visión, a la silueta. Se limitó a observar sus movimientos, a comparar las figuras de las nubes con su figura en la arena y, aquella noche, seguramente la soñaría subrayando sus contornos, más reales que en la propia realidad temblorosa e insegura. Probablemente el niño echaría a un lado el bate de jugar en el terreno baldío, y la pelota, y las bolas de colores, y volvería al lugar donde vio por primera vez la imagen de la niña perfecta del cuento que alguna vez escuchó con atención antes de irse a la cama, con la imaginación volando en una alfombra de irrealidad.

Es muy posible que a la tarde siguiente el niño descubriera que su corazón sólo latía cuando veía a aquella silueta marcada sobre el fondo marino. Es muy posible que una cinta violeta rayaría el cielo, y aun tras la luz desmayada, al acercarse por fin a la visión, el niño descubriera el rostro sonrosado de la adolescente, sus cabellos lacios y castaños, casi tan sedosos y brillantes como la dama de aquel cuento, como los sueños, casi. Y proyectara la estructura de un castillo de arena colosal, adornado con escupidas y bolitas de papel periódico, con una puerta de tablas de naufragio y un halcón de alas enormes custodiando la entrada. Con la imaginación, casi es seguro que haría una fosa que rodeara el castillo, donde nadaran pececitos plateados, rodeados de plántulas temblorosas. Y proyectando un futuro lúdrico, esperara el rencuentro.

Al día siguiente, la silueta alargada de cabellos largos correría alborozada por la arena, se sentaría en un claro entre las algas, y dejaría vagar la mirada por el azul distante y quebrado. Es posible que entonces el niño, acuclillado detrás de un pino, también se diera a soñar, y llenara el espacio de globos magenta, que derivaran un instante hacia la arena, giraran en redondo y, finalmente, remontaran la cinta violeta y se perdieran en el hilo difuso entre el final del mar y el inicio del cielo.

Un día después, la silueta lujosa de la joven vendría acompañada por la sombrita de un perro. El perro husmearía los dedalillos y las algas, daría una vuelta, olería una presencia y correría decidido hacia el niño oculto nuevamente entre los pinos.

Es posible que la joven se acercara a los árboles y, acariciando el lomo rizado del perro, le hablara al pequeño, en voz baja, de la belleza del simple mar; sin una observación, sin un mandato, sin siquiera una advertencia de adolescente contra niño.

Tras otro comentario sobre el mar y sobre las gaviotas ancladas, proféticas, las tres sombras —joven, niño y perro— correrían por la orilla de la playa, adivinando los agujeros hechos por los cangrejos de carapachos pintados; recogerían alguna rama seca o algún objeto hinchado, de esos que siempre, como un recuerdo nos devuelve el mar, y se despedirían hasta pasado, hasta mañana, hasta ayer, deseando todavía un poco más de presente y de sueños.

Al día siguiente uno podría imaginar dos siluetas, una alargada, otra pequeña, una muy junto a otra, confundidas las cabezas y los torsos, hablando quedamente cosas irrepetibles, aventuras futuras, confesiones de espejo. Probablemente, podrían verse las dos sombras, los dos croquis, iniciando una aproximación única, irrepetible en el espacio. Así como es posible que, al caer la noche, las tres siluetas, la de la adolescente, la del niño y la del perro, se confundieran en un montoncito semiumbrío sobre la arena.

Seguramente, a partir de aquí, las citas se irían haciendo regulares y a horas fijas, cada una con una novedad. Una paloma para lanzar al vuelo, un laminario, una planta. Aunque, para evitar el merodeo nocturno del pequeño, la joven lo comenzara a ver por las mañanas.

Es casi seguro que el niño faltara más de una vez a sus deberes para encontrarse con su visión, con su princesa fingida, y que el cambio de horario, extrañamente, la hiciera más tangible. Los encuentros, entonces, harían las mañanas más deslumbrantes, con un sol enorme calentando las tres antiguas sombras; a esa hora coloreadas y llenas.

El niño, la joven y el perro disfrutarían del mar encrespado y salobre. Ella acariciaría la melena rizada del pequeño, y él dormiría soñando la próxima cita, la añorada caricia sobre sus cabellos olorosos a yodo marino.

Un día u otro, la joven pediría a cualquier bañista que les tomara una foto. Seguramente el extraño no pudo negarse a hacerlos más reales, a dejar constancia gráfica de aquella comunión. Colocó la cámara en un ángulo preciso, midió la distancia, y esperó el momento exacto. Luego captó a la joven y al pequeño confundidos en una caricia de concha, y a la sombra de un perro en posición de salto hacia una integración definitiva y atemporal.

Tirar la primera piedra

Nancy Alonso

Al llegar a la entrada del hotel, Nora se detuvo para secarse el sudor de la frente. Allí era la cita. El día anterior la había llamado un médico argentino que le traía una encomienda de parte de Rosita Gallardo, una amiga de Salta. Acordaron verse en el hotel donde estaba alojado con su esposa, en el Habana Guitart, antiguo Habana Libre, así había dicho él. Para Nora ese seguía siendo el *Habana Libre*, si acaso el antiguo Habana Hilton, aunque Guitart hubiera comprado la mitad de ese hotel, dedicado ahora al turismo extranjero.

A pesar de la caminata de más de tres kilómetros, Nora apenas sentía cansancio. Estaba acostumbrada a andar a pie La Habana y con aquellos zapatos, regalo de unos colegas chilenos, se sentía émula de Abebe Bikila. Por eso cuando respiró profundo antes de reanudar la marcha, no fue con el propósito de reponer fuerzas, sino más bien buscaba aliento para enfrentar lo que

Nancy Alonso (1949), narradora. Ha publicado el libro de cuentos *Tirar la primera piedra* (1996).

iba a suceder. Ya otras veces había pasado por lo mismo: la detendrían en la puerta de acceso al lobby, le harían preguntas, la mirarían con suspicacia, la tratarían como a una *jinetera*, a una buscavidas, con desprecio, y además tendría que soportar las miradas de complicidad de aquellas muchachas apostadas por doquier. Se dirigió con paso arrogante al encuentro de los porteros.

–¿En qué podemos servir a la señora? —preguntó uno de ellos. Otra vez aquello de *señora*, pensó Nora. Sentía cierta extrañeza cuando no le decían *compañera*.

–Me esperan unos huéspedes —respondió cortante.

–Pase la señora —dijo el muchacho con un tono que a Nora le pareció un poco burlón.

A un costado de la carpeta estaban los teléfonos internos y también la cola de personas esperando para llamar. Nora preguntó quién era el último y le contestó una joven, de vestido muy corto y demasiado maquillada para su edad. Como prefería mantenerse al margen de aquellas conversaciones, Nora se apartó hasta que le llegó su turno. Pidió a la operadora la habitación 1201. Luego de tres timbrazos, descolgaron del otro lado de la línea.

–¿Bueno? —respondió un hombre con un inconfundible acento argentino.

–¿Doctor Álvarez?

–Sí, el mismo.

–Doctor Álvarez, le habla la doctora Nora Acosta. Ya estoy aquí en los bajos del hotel.

–Muy bien, doctora. Ya bajamos, pues —y con ese *pues* al final de la frase, Pedro Alvarez había presentado sus credenciales de salteño.

Mientras esperaba, Nora fue testigo de las idas y venidas de los huéspedes, tostados por el sol caribeño, vistiendo ropas ligeras, con sombreros de yarey y collares de santería. Todo muy típico, demasiado típico, pensó Nora. A través de los cristales que daban al exterior se veían los taxis con turistas y sus cicerones cubanos. Cerca de la entrada del elevador, donde estaba apostada Nora, había un salón con mesas atestadas de personas comiendo, bebiendo, fumando, rodeadas de paquetes que dejaban entrever las *easy shopping*. Nora se entretuvo intentando adivinar quiénes serían los *jineteros* y *jineteras*. Y de qué tipo. En el mercado humano cada cual ofrece lo que tiene y siempre hay alguien interesado en comprar: estaban los mercaderes de la carne, los más despreciados, y estaban también los otros, los más despreciables, los del espíritu. Reconoció a un sujeto tomando cerveza con un grupo de turistas, y aunque no podía recordar el nombre, sí estaba segura de que se trataba de un funcionario del Ministerio de Salud Pública; hubiera dado cualquier cosa por saber si estaba en ocupaciones de trabajo o si negociaba su tiempo y su simpatía a cambio de alguna prebenda. Para Nora, aquello resultaba vergonzoso.

Una de las tantas veces que Nora vio abrirse las puertas de los elevadores, distinguió a un hombre y una mujer cargados de bolsas y con un maletín sin dudas muy pesado por la forma de caminar del hombre. Sintió deseos de dar media vuelta y salir corriendo hasta su casa; había intuido que aquellos eran sus argentinos. Nada hizo hasta que la pareja pasó a su lado.

–¿Doctor Álvarez? —susurró Nora.

–Encantado, doctora Acosta —y diciendo esto, el hombre soltó el maletín y extendió la mano para estrechar la de Nora en un fuerte apretón. Esta es Gladys, mi esposa.

–Mucho gusto, doctora Acosta.

–Es un placer conocerlos. Y por favor, llámenme Nora.

–Perfecto —asintió él—, si vos me decís Pedro.

Después de las frases de saludo, Nora no sabía cómo continuar la conversación. Se sentía turbada con aquella cantidad de paquetes. La alegraban los regalitos enviados por los amigos, pero lo de ese día más bien la abochornaba, ella siempre tratando de ocultar sus necesidades, rechazando la actitud de *llorar miseria,* y ahora recibía un verdadero cargamento de cosas.

–Escúchame, Nora —dijo Pedro—, ¿qué pensás hacer para llevarte todo esto? ¿Andás en auto?

Una oleada de calor le subió hasta el rostro y temió que el matrimonio se diera cuenta de su rubor. Trató de explicar por qué, si tenía carro, andaba a pie: les habló de la escasez de combustible y confesó, además, que nunca habría podido imaginar que a la Rosita se le ocurriera enviar tantos regalos.

–¿Nos acompañás a tomar algo y discutimos cómo te las vas a arreglar con tantos bolsos? —sugirió Gladys. Vamos a sentarnos en una de esas mesitas de allá.

Nora dudó un poco, pero tuvo que acceder. Tampoco se trataba de hacer un desaire. Eso sí, se dijo, sólo aceptaría un café, no quería que la confundieran con esa gente inescrupulosa, colgadas como aretes a cuanto extranjero conocían.

Se sentaron alrededor de una mesa y la cuarta silla quedó colmada con los paquetes, incluso algunos fueron a parar al piso. El matrimonio pidió unos bocaditos y cerveza, Nora un café. Cuando les sirvieron, Nora hizo de tripas corazón para no dejarse tentar por la oportunidad de comer jamón y tomar una cerveza congelada como la que tenía delante de sus ojos.

La conversación fluyó sin contratiempos. Primero se habló del viaje, de cómo estaba la Rosita, enloquecida por Cuba para no variar, del resto de los amigos comunes, de la Argentina, de la difícil situación que atravesaba la isla, de la escasez de alimentos, de medicinas y de ropas, de la caída de Europa del Este. Todo un *círculo de estudio político*. Y como Gladys era Asistente Social, el tema del *jineterismo* no se hizo esperar.

–Nunca pensé encontrar prostitución, ni tanto acoso a los turistas en Cuba —se quejó Gladys. Para nosotros, Cuba era el paraíso terrenal, ¿viste?, la utopía hecha realidad. Y ahora se está perdiendo...

–Exagerás, Gladys —ripostó Pedro. No es

para tanto. Juzgás a un país por unas cuantas chicas merodeando un hotel, dedicadas a la más antigua de las ocupaciones. ¿Te olvidás acaso de la crisis económica de acá? En Argentina, vos lo sabés bien, hay cualquier cantidad de prostitutas. Nada que ver con Cuba.

Aunque Nora apoyó a Pedro en la discusión, Gladys no cedía terreno porque para ella el proyecto cubano era diferente y por tanto incomparable con otro país. Relató algunas de sus vivencias en Cuba, como el encuentro con Elisa, una abogada de treinta y cinco años, los mismos de la Revolución, militante del partido, que les pidió ayuda para salir de Cuba a toda costa. *Jineterismo* de nuevo tipo.

A esa altura de la discusión, Nora decidió olvidar el apuro por regresar temprano a casa. Lo importante en ese momento era devolverle la esperanza a Gladys y por eso argumentó sobre lo que consideraba las raíces del problema: el derrumbe del campo socialista, el bloqueo, los bajos precios del azúcar, la apertura al turismo. Luego invitó a Gladys a visitar otros lugares, más allá de los hoteles, y comprobar cuántas cosas había en Cuba, aparte del *jineterismo*. No le habló de los funcionarios convertidos en aquello contra lo que ellos mismos habían luchado, ni de la incompetencia de quienes, a pesar de su buena fe, también habían contribuido a destrozar el país. Prefirió callar, por pudor.

−¿Y por qué no nos llevás mañana a conocer algo de la ciudad? —sugirió Pedro. Tenemos la tarde libre. Vamos en tu auto y nosotros ponemos la nafta. Con dólares se puede comprar, ¿cierto?

Nora aceptó. No sería la primera vez que servía de guía turística a amigos extranjeros. Junto a ella podrían ver matices de la ciudad que pasarían inadvertidos para un visitante.

A medida que iba cayendo la noche, el ambiente del hotel se fue haciendo sórdido. Las insinuaciones daban paso a abiertas provocaciones, molestas para algunos turistas, aunque para otros la diversión recién comenzaba. Así que sobraban los ejemplos alrededor para seguir con la charla. Fue tanta la insistencia de Pedro, que Nora aceptó picar una bobería para no pecar de extremista. Varios argentinos amigos de Pedro y Gladys se incorporaron a la conversación. Querían escuchar a Nora, ávidos de información acerca de Cuba, y a ella no le quedó más remedio que tomarse varias cervezas para brindar por la amistad cubanoargentina.

Al filo de la madrugada, cuando Nora anunció su partida, Pedro se ofreció a acompañarla en un taxi y así llevar los paquetes sin dificultad. Nora hizo resistencia por una cuestión de pundonor, cómo aceptar ese gasto de dinero. Los argentinos dijeron que solidaridad también era eso y que, además, se le había hecho tarde por culpa de la larga tertulia.

Se despidió efusivamente como si los conociera de toda una vida, ante la mirada pícara del portero del hotel. En el momento de subir al taxi, de una bolsa se salieron unos zapatos, para mayor bochorno de Nora.

Al día siguiente, Nora recogió a Gladys y a Pedro en la puerta del hotel. Por fortuna, pensó, no estaba ahí el portero del día anterior.

El hospital "Hermanos Ameijeiras" les pareció un sueño, un hotel de lujo. Desde el Morro se fascinaron con la vista de la ciudad y tuvieron la suerte de ver el espectáculo del paso de un barco por la estrecha entrada de la bahía. La visita al Museo de la Revolución fue conmovedora hasta para Nora. La Plaza de la Catedral, con su estilo colonial, les hizo evocar a *Salta la linda,* así le decían ellos a su ciudad. En una escuela, se emocionaron al escuchar a los niños decir *Seremos como el Che.*

Durante el paseo, Nora estuvo atenta para proteger a sus argentinos del asedio de los *jineteros,* de los marginales, de los muchachitos pidiendo chicles o moneditas. Pedro aliviaba las tensiones con algún comentario.

—Si visitás algún día la Argentina... —dijo Pedro y de inmediato agregó—: ¿No te animás a ir a Salta?

Nora asintió por cortesía, con qué se sienta la cucaracha, pensó. Y como si le hubiera adivinado el pensamiento, Pedro le explicó los trámites para el viaje, incluido el asunto del pasaje, todo tenían que pagarlo ellos allá. Elisa, la abogada, les había dado las instrucciones *bien clarito,* hasta el más mínimo detalle.

Ya al final del recorrido, entraron en una

tienda para comprar *souvenirs*. Gladys fue a ver la ropa:

–Mirá, Pedro, remeras con la foto del Che. ¡Qué hermosas!

Le preguntaron a Nora si tenía una remera como esa. Respondió que no, porque esos pullovers se compraban con divisas. Les dijo más: ella se resistía a aceptar la venta en dólares de objetos con la imagen del Che y ahí había de todo, fotos, sellitos, llaveros, ropas adornos de pared, hasta fosforeras. Mucho había discutido el asunto y siempre le argumentaban lo mismo: los turistas quieren esos artículos y como pagan en dólares, esa era una forma de obtener divisas. Una forma inaceptable para Nora. ¿Qué pensaría el Che si pudiera ver su propia imagen comercializada?

–No te aflijás, Nora —la consoló Pedro. Si no venden estas cosas en Cuba, igual las compramos en otro lugar. Es mejor que sea aquí y de esa manera ustedes se quedan con los dólares, mirá que los necesitan bastante.

–Vení a ver si te sirve esta remera, Nora —la llamó Gladys. Decime la verdad, ¿no te gusta?

–Está preciosa —tuvo que admitir Nora al contemplar la imagen de aquella foto que había recorrido el mundo.

Al salir de la tienda, un niño de unos doce años abordó a Pedro y le dijo algo que Nora no pudo escuchar.

–Nora, este chico me ofrece, por tres dólares, una moneda con el rostro del Che. ¿La compro?

–Por favor, Pedro, no lo hagas —el tono de Nora era entre suplicante e irritado.

–Señora, déjelo que me la compre, se la estoy dando por el cambio oficial, uno por uno.

–Nadie te va a comprar nada, muchacho, así que vete de aquí —replicó Nora.

–Se la dejo en dos dólares, señor. Mire lo nuevecita que está.

Pedro miró a Nora. Era evidente que él quería la moneda, pero no iba a hacer nada que la disgustara. Por su parte, Gladys contemplaba la escena en silencio. Nora hizo un gesto para que la siguieran y comenzaron a acercarse al auto estacionado a media cuadra. El niño les cayó atrás.

–Un dólar, señor, se la doy por un dólar. Déjelo que me la compre, señora —repitió el niño. ¿Qué le importa a usted eso?

Aquella situación resultaba insoportable para Nora. Agarró al muchacho por el brazo y se lo llevó aparte para que Pedro y Gladys no pudieran oír lo que iba a decirle.

–Ven acá, chico. ¿No te da vergüenza andar pidiendo dólares a los extranjeros? Deberías estar en la escuela o haciendo las tareas en tu casa y no molestando a los turistas.

–¿Y quién dice que yo no voy a la escuela? Mire mis zapatos, señora. Ahorita no puedo ir ni a la escuela de lo rotos que están. Yo no soy un *jinetero*, señora, sólo trato de buscarme la vida.

Al mirar los zapatos del niño, Nora no pudo hacer otra cosa que callar. Casi sin querer los comparó con los de ella. La bolsa con el pullover del Che comenzó a quemarle la mano. Fue hacia donde estaba Pedro y le dijo:

–Si quieres, cómprale la moneda.

Nora no llegó a saber nunca cuánto había pagado Pedro por aquella moneda del Che. Recordaría para siempre la cara de alegría del niño cuando exclamó:

–Gracias, señor, muchas gracias. Y gracias también a usted, compañera.

Por primera vez en su vida, Nora sintió una sensación muy difícil de explicar al escuchar que la llamaban compañera.

UN MURMULLO DE ARENA

Olga Marta Pérez

El ligero sonido de piedras que se abren fue el barrunto del comienzo. El oleaje del mar llegó más cercano desde la otra acera. Berta se rebeló contra el insomnio que desde tantos días atrás le alzaba los párpados y alertaba sus neuronas para sumergirlas en un torbellino de imágenes. Quiso, no, más bien se obligó a dormir.

El mar retumbó más cercano, extrañamente cercano. Más que cuando en diciembre, en todos los diciembres, sobrevenían los nortes y el mar levantaba sus espumarajos, tremendamente hermosos, que sobrepasaban el muro del malecón desalojando a enamorados y pescadores. El sonido de las aguas que cruzaba la calle violentamente, hizo temblar a Berta. Saltó de la cama y corrió al balcón.

Un mar desconocido tomaba la calle sin contención. Un escalofrío recorrió la espalda de Berta. "La ciudad se hunde", pensó.

Olga Marta Pérez (1952), narradora y poeta. Ha publicado libros de literatura infantil. Sus cuentos para adultos permanecen inéditos.

Corrió al cuarto. Obsesionada con lo que acababa de ver. Se vistió como pudo, con una prisa sin límites, pensando sólo en huir, bajar las escaleras antes de que las aguas llegaran al primer escalón. Lo último fue atarse los zapatos. Tomó la cartera, su mirada hizo un semicírculo a su alrededor rastreando las llaves. En la semipenumbra se adivinó en el espejo y un desvalimiento la inundó con más rotundez que las aguas transgresoras.

"¿Debo llevarme algo? El agua no va a llegar hasta aquí arriba, no puede ser, es imposible", se consoló. Examinó el cuarto, buscaba algún asidero de recuerdos imprescindibles. La foto, el pisapapeles de cristal de Bohemia, la caja de música le devolvió unos segundos de infancia No, o se lo llevaba todo o lo abandonaba todo a las aguas.

Indecisa aún, Berta recorrió la casa, paseando la vista con la agonía de la última vez. Sus pasos sonaban contra el piso extrañamente, un murmullo de arena se producía persiguiendo un eco trasegado por el rumor de las aguas. Se asomó al cuarto de los hijos vacío momentáneamente, agradeció la iniciativa del padre de llevárselos ese fin de semana, por primera vez había tenido una iniciativa afortunada. Llegó a la cocina. Se asombró de que no hubiera ni una cucarachita absorta en una reproducción incesante sobre la meseta. "Deben haberse enterado del peligro primero que yo. Podían haberme avisado, puñeteras, ahora que hemos alcanzado la armonía." No pudo evitar el sobresalto, su voz le resultó desconocida, apagada por el ronroneo de la avalancha.

Volvió sobre sus pasos. Desconectó la corriente. "Si el mar llega al primer descanso de la escalera seguro que habrá cortocircuito y sólo Dios sabe lo que pueda pasar."

Berta fue hasta la escalera, en busca de la calle, confiada en que la marea todavía le permitiera marcharse. Adivinando los escalones, descendió. Un fuerte olor a mar revuelto la alcanzó al tiempo que su pie derecho chapoteó en el agua, justo en el escalón diez. Aterrada se replegó escaleras arriba.

Ya a salvo de las aguas fue de nuevo al balcón.

Las primeras luces del día dejaban ver el desastre. El mar había avanzado sin miramientos y un fuerte olor a marisma, mezclado con restos de cualquier cosa, acaso restos del barrio naufragado, lo inundaba todo. Un terror nítido se le incrustó a Berta en la piel al sentirse también náufraga. Cierto instinto de conservación la sacó de la inmovilidad. Buscó una mochila en el cuarto y corrió a la cocina en busca de alimentos y agua. No fue mucho lo que pudo reunir, unas latas de su "reserva de guerra", tenía la manía de bautizar las cosas con nominaciones irónicas, así llamaba a aquellos alimentos rápidos, útiles para cuando llegaba tarde y sus hijos la miraban como la tabla de salvación inmóviles frente a la pantalla del televisor. También encontró pan viejo y gomoso, azúcar, un pedazo de embutido, no era mal desayuno, y preparó de prisa la cafetera. "Ojalá no hayan cortado el gas."

Encendió la cocina y en una ligera llama, cuyo azul anunciaba su desaparición, colocó la cafetera. "El último café..., como canta Vicentico." Se rió de la ocurrencia, "pensando en musiquitas en semejante momento". Disfrutó el café caliente. "Deja ver dónde pongo el resto, ah, en este pomito de medicina, no sé quién lo usó para lo mismo alguna vez."

Con todo en la mochila, caminó hacia la sala como si fuera el lugar más seguro de la casa. Cuando cruzaba el cuarto de los hijos, Berta se detuvo en seco. "El abridor, no se puede abrir las latas con los dientes." Volvió al fondo de la casa.

Ya estaba en su cuarto camino de regreso a la sala y un murmullo de arena se apoderó de la cocina, para convertirse en estruendo. Volvió sobre sus pasos sin entender lo que pasaba.

Se detuvo en el cuarto de los hijos, no pudo alcanzar la cocina. Nadie puede alcanzar lo que no existe. Su cocina había desaparecido junto a la de los vecinos de los bajos. Eran un amasijo polvoriento de ladrillos viejos junto con ollas, refrigeradores, las patas de las sillas hacia arriba como antiguas armas antiaéreas.

Un agua lenta lo iba mojando todo, "nada puede contra las aguas revueltas".

Sin proponérselo, Berta comenzó a llorar. Ella también se convirtió en un amasijo de miedo y pena. Miró sus pies sobre el saliente del precipicio.

"¿Qué haces aquí?" La gata estaba pegada a ella, temblorosa. "Ya ni me acordaba de ti, pensé que te habías ido. Olvidé que las gatas, como los capitanes de los barcos, no abandonan la casa, al menos hasta el último momento. Pero te advierto que yo no me he ido porque no he podido."

Berta retrocedió. Volvió a la sala seguida por la gata. "Ojalá este sea el lugar más seguro, ¿habrá algo seguro realmente? Con los años que tengo y todavía no he aprendido."

De nuevo quiso ver lo que sucedía afuera. El mar había convertido su casa en un gran islote, pero lo peor es que no aparecía ni un alma. "Nos han dejado atrás, somos tú y yo dos gatas solas. Creo que estás asustada, déjame cargarte un poquito." Berta se sintió reconfortada con la calidez del animalito, su soledad enorme se apagó un tanto.

El murmullo renovado le llegó desde el fondo de la casa. "¿Dios mío, qué otra parte se estará desmoronando?" El estruendo del derrumbe del cuarto de los hijos envió una enorme bola de polvo hasta el balcón. "Dentro de poco no habrá piso."

La gata se afincó a la blusa de Berta con espanto y garras. "¡Me haces daño!", dijo y se la arrancó de arriba con cierta violencia. La gata corrió a un rincón, resguardándose también de la mujer. "Perdóname, no te pongas así, este es un pésimo momento para mí. Supongo que para ti también."

Berta se sentó en el piso, era la mejor manera de reconocer las vibraciones del derrumbe, a meditar sobre su situación extrema. La casa se disolvía en el mar, semejante a la harina de trigo cuando la mezclaba con agua para hacer frituras. "Frituras calienticas, calienticas." Se dio cuenta que no había comido nada, solo una taza de café. "¿Qué irá a sucederme y a sucederte?", reparó en la gata que se le acercaba con cierta calma. "No viene nadie, los vecinos deben haberse ido al inicio de la madrugada, y quizá pensaron que también este fin de semana fui a dormir en otra parte. Si al menos a alguien se le ocurriera buscar sobrevivientes o atrapados, porque eso es lo que soy, una atrapada por las aguas, por el piso que se desmorona, por la soledad y por las ganas de comer frituras y no este café frío del pomito de benadrilina."

La gata se acurrucó junto a Berta. "Te pegas a mí no sé por qué, no puedo protegerte, no puedo proteger a nadie, ni a mí misma. Extrañamente estás tranquila, como si supieras que hay una posibilidad cierta de sobrevivir; pero no hay orilla, al menos no la vislumbro. Te voy a dar de mi embutido y de paso como también. Ustedes no comen pan, ¿o sí?"

Las grietas cercanas del cuarto dieron el próximo aviso y la casa solo fue la sala y el balcón. Desapareció la pared que durante años se interpuso entre sus vecinos y Berta. Ante sus ojos surgió el juego de sala de los vecinos borroso entre el polvo, así y todo, la otra casa se veía un poco más sólida. "Debiera saltar, quizá haya manera de llegar a la otra calle o vea a alguien. Pero el miedo me mata."

Un silencio breve y profundo puso a Berta

de pie, la gata alertó las orejas. El piso se movió con un vaivén suave. La gata se aterró, corrió de un lado a otro y en un instante dio un salto y cayó en la otra casa. "Esto se acaba, mi tiempo se acaba." La gata miró a Berta desde el otro lado queriendo animarla. "Tu instinto no te falla, pero no somos iguales, no voy a saltar."

De nuevo el vaivén suave y una ola oscura por los desechos llegó a los pies de Berta que sin pensar se subió a la butaca de pajilla y observó flotar su sala sobre las aguas que la llevaban hacia las copas de los árboles del Prado. "¿Quién me iba a decir que terminaría siendo vecina del Capitolio o de la solitaria estatua del Gran Teatro?", se dijo Berta y sonrió con un hilo de amargura. Cada vez estaba más lejos del inicio. La gata se convirtió en un recuerdo más, como la caja de música, la foto de los hijos, el pisapapeles, su vida anterior a aquella transgresión de las aguas. Sin desesperación, esperando no sabía qué, Berta navegaba, en posición fetal sobre la butaca. Buscó en la mochila el pomito de benadrilina y tomó el último sorbo de café.

EL SUEÑO RECURRENTE

Margarita Sánchez-Gallinal

Sé que algo en mí va a estallar. Lo sé y lo espero. Me levanto como cada día y comienzo la rutina. Preparo el café con un poco de leche, no mucha, y tomo una cápsula de vitamina E. El café con leche y la vitamina E son una concesión a mi displacia. Los gestos son los mismos pero siento la levedad del cuerpo que precede al estallido. Hoy sólo soy una envoltura. Mi interior ha huido a algún lugar remoto donde yo no alcanzo. Los ruidos del exterior me llegan apagados. Es una sensación extraña y agradable. Es como flotar. Disfruto esta manera de flotar que tiene el yo que se me escapa. Anoche volví a soñar que caía por un hueco. Recorría la distancia infinita de aquel embudo y no sentía miedo. Nunca llego al final, ya he dicho que es interminable. Quizá por eso no

Margarita Sánchez-Gallinal (1953), periodista y narradora. Sus novelas y cuentos están todavía inéditos. Su primera novela, *Gloria Isla,* aparecerá dentro de la colección "La Novela" de la Editorial Letras Cubanas.

tuve miedo. Es un sueño recurrente y siempre me deja la sensación de ingravidez que ahora me embarga. Cuando caigo algo se me desprende, pero no llego a saber qué es. Me miro al espejo y soy la misma del día anterior. Peino mis largos cabellos. En mis ojos perdura el color verdegris. El lunar de la mejilla derecha permanece en su sitio. Nada hay diferente pero soy distinta. Lo percibo. A veces pienso que dentro de mí hay sucesivas vidas que pugnan por salir. No sé si alguna vencerá y se adueñará definitivamente de mi epidermis. De todos modos no siento miedo, repito. En todo caso temor a que no experimente nunca más esta sensación de extrañamiento que me resulta placentera aunque me dañe. En realidad no puedo asegurar que me haga daño, aunque sospecho que sufro alguna reacción química y ya sabemos que las reacciones químicas, por lo regular, son malsanas para el organismo humano, tan frágil aunque no lo queramos aceptar. Estamos más indefensos que los gorriones que vienen todas las mañanas a mi terraza para dar cuenta de las migas de pan que les arrojo. No me rehuyen y eso me alegra. Me siento a contemplarlos muy quieta, casi inerme, para no ahuyentarlos. Me gusta su compañía y que salten entre mis pies buscando los últimos restos del festín. En cierta ocasión me preguntaron qué animal elegiría y dije que me gustaría ser pájaro o mariposa. ¿Y si no puedes ser mariposa o pájaro? Pez, respondí. Eran el aire y el agua los elementos de la Naturaleza por mí preferidos. Presumo que nada raro hay en ello.

Los gorriones han volado hasta el flamboyán de la esquina. Una pareja juega a enamorarse. Es primavera. Regresan a la terraza pero ahora se posan en la reja. Yo estoy de pie mirando la calle y debo parecerles inmensa. Todo está verde menos los flamboyanes, secos por la falta de lluvia. Otros años, para esta fecha, están encendidos y mi calle se cubre de un rojo anaranjado tan hermoso que quita la respiración. Espero la temporada para verlos florecer y recuerdo a Eduardo. La primera vez que los vio quedó sin habla y se llevó un retoño para Madrid, pero en Madrid los flamboyanes no florecen.

     ¿Quién puede desentrañar el misterio de los sueños? Anoche, antes de mi caída, soñé con Olga Lidia, una muchacha a la que apenas conozco, y se me apareció Darío, muerto hace ya mucho. Nada hay que enlace a estas dos personas, a no ser que la hija de Darío tendrá actualmente la misma edad de Olga Lidia. Acaso no sea una conjetura válida, ni siquiera son personas cercanas como para entrar en mis sueños, pero allí estaban precediendo mi viaje solitario al confín de algo que desconozco, que ni siquiera sé si deseo conocer porque nada me asegura que haya después. ¿Será el preludio de la muerte súbita? Caer. Caer placenteramente. Hundirme en el vacío de ese embudo sin saber a dónde voy. Es mi propio agujero negro. Mientras lo atravieso no tengo recuerdos, únicamente la sensación apacible de deslizarme por la nada perdiendo corporeidad, dejando de ser. Y no llegar a sitio alguno y despertar con esta insubstancialidad que sólo yo noto y tener la certeza de que he sufrido un desprendimiento y no saber a dónde ha ido ese otro yo que habitaba en mí, pero intuir que ha regresado al origen de algo ignoto que terminará por arrastrarme. No sé cuándo será, solamente aguardo mientras continúo mi rutina.

Los gorriones se han cambiado al laurel de enfrente. El olor del aire es húmedo, preludio de la primera lluvia de mayo. La algarabía de los pájaros anuncia su llegada. Respiro. Respiro profundo el aroma que se desprende de la sierra. Llueve fino, silencioso. Nada hay tan vital como este olor a tierra mojada. Mañana los primeros brotes naranja aparecerán en los flamboyanes y los gorriones permanecerán menos tiempo en mi terraza. Alzarán vuelo y escaparán igual que se nos escabullen algunos recuerdos. Sólo que los gorriones regresan y hay recuerdos que permanecen en el laberinto de nuestra mente pero no afloran. Quizá los detenga la carencia amarga que nos dejan las ausencias irreversibles. Y es que comenzamos a envejecer cuando el primer amigo se nos muere. Somos, a partir de entonces, una sucesión de muertes, hasta que nosotros mismos pasamos a ser el inicio del envejecimiento de alguien.

Supongo que a los muertos les llegan los ruidos tan lejanamente como a mí en esta mañana de mayo. La terraza parece envuelta en una niebla. A través de ella adivino el mundo exterior con sus afanes casi siempre enfermizos. Me alegro de tener mi crisálida y bebo un poco de café, ya frío. Sonrío al gorrión que permanece en la reja esperando a que su compañera se decida. No hay libertad como la del pájaro en vuelo. Nada más hermoso. Pienso en W. A estas horas vuela rumbo a la ciudad México. Nos hemos despedido como si viajar no entrañara peligro. Es un viaje corto, apenas una semana, pero uno siempre debería despedirse como si fuera la última vez. En un mundo tan incierto nada garantiza el regreso. He querido salir y abrazarlo, decirle cuánto lo amo aunque resulte ridículo —tantas veces nos reprimimos para no parecer cursi y después no hay oportunidad—, pero el carro ya doblaba la esquina. Muchas cosas se nos quedan por decir a lo largo de nuestras vidas. Callamos sin saber que matamos. Callamos y no sabemos que morimos. Tal vez en ello estribe el abismo, cada vez más profundo, que se abre entre los seres humanos. Es un pozo diferente al de mis sueños y nada tentador porque éste sí tiene fondo. Cuando lleguemos a él habremos dejado atrás todo lo humano y no hay seguridad de que, para entonces, podamos recomenzar. ¿Quién puede asegurar que haya un nuevo inicio?

Cuando W. se fue eran las tres y veinte de la madrugada, una estrella brillante titilaba más que las otras. ¿Sería Marte? Hace poco dijeron por la TV que los cráteres advertidos en Marte eran prueba de la existencia de agua hace mucho tiempo. El comentarista concluyó que, en alguna época lejana, fue posible la vida en ese planeta.

Me maravilló su manera simplista de ver las cosas. ¿Cómo puede afirmar, sin temor a equivocarse, que el agua fue un elemento vital para los moradores de Marte como lo es para nosotros? Me niego a llamarlos marcianos. Aquellos habitantes, si existieron, denominaron a su planeta de otra manera. Cada mundo tiene sus códigos. ¿Cómo nos llamarían los seres de otros mundos? Con seguridad no sería terrícolas. Calificamos y sacamos conclusiones a partir de nuestra propia experiencia sin reparar en que, a veces, ni siquiera logramos la palabra justa para nominar lo que hemos creado y nos pertenece. Admito que los códigos es la única solución pero también que hay mucho de subjetividad en lo que pensamos y decimos. Hace unos días, viniendo por el litoral, W. y yo lo corroboramos. El sol era una enorme naranja partida al medio por un cirro, luego el cirro dio paso a una nube que comenzó a devorar al sol por debajo. Y fue una naranja carcomida, después simuló un paracaídas y por último un hongo atómico que amenazaba al mar. Pero no era más que un sol indefenso por el declinar de la tarde y una nube a merced del capricho del aire.

Sé que algo en mí es oscuro, remoto. Tal vez habite una vida que no es la mía. ¿Un cuerpo prestado? ¿Seré un átomo de energía que ha robado la piel de otro? ¿Qué vida anterior porfía en resurgir? ¿De dónde vengo, quién fui? ¿A qué época pertenecí y por qué estoy aquí donde todo me es ajeno? Me rondan recuerdos incoherentes, retazos fugaces que no puedo precisar dentro de

esta envoltura y yo trato de atraparlos para conocer su origen, para llegar a ese recóndito sitio de
dónde, quizá, he venido, pero se me escapan
siempre dejándome esta levedad que me hace
casi incorpórea. ¿Por qué siempre pienso en la in-
corporeidad? ¿Tendrá que ver con esta sensación
de vivir sin existir? ¿Qué impulso me llevó a instalarme en este cuerpo? ¿Alguna deuda de mi
vida anterior, algo que quedó por hacer y que no
acierto a saber qué es? ¿En mi sueño recurrente
estará la respuesta? ¿Seré yo misma la que me
obligo a no llegar al fondo para seguir descono-
ciendo el propósito que he olvidado? Sé que algún día quedaré atrapada en ese túnel oscuro y
liberaré este cuerpo que no me pertenece, pero
no estoy segura de no instalarme en otro y volver
a emerger con las mismas preguntas sin respuestas. ¿Acaso somos la repetición del primer hombre y la primera mujer, con las mismas dudas y
similares anhelos? ¿Seremos la falacia de un planeta inerte, la duplicación permanente de un origen sin futuro? Entonces, ¿qué busco? Tal vez la
memoria de un pasado remoto donde sí eran
ciertos una terraza llena de gorriones con un laurel al frente y donde existieron unos flamboyanes
que esperaban por la lluvia para florecer.

TÍA ENMA

Aída Bahr

Era una negra grande, vieja y gorda. Iba vestida de blanco, desde el pañuelo que le cubría las pasas hasta los zapatos deformados. Llevaba un palo en la mano derecha y un saco en la izquierda. Abuela la vio detenerse ante la ventana de la casa y quedarse en silencio, observando atentamente. En ese momento recordó que tía Enma, que por entonces tenía cinco años, estaba sentada allí con sus muñecas. Un mal presentimiento la hizo correr, llena de angustia. La negra ni siquiera saludó al verla, le dijo: Cuide mucho a esa niña, señora, es demasiado linda. Tanta belleza acaba siempre en daño, y se alejó con pasos lentos, cansados, arrastrando el peso del saco. Sus palabras se quedaron presas en la cabeza de la abuela y se convirtieron en una espina que llevó clavada en silencio por muchos años. Lo vino a contar después que tía Enma se fue de la casa.

Aída Bahr (1958), narradora y guionista de cine. Ha publicado los siguientes libros de cuentos: *Hay un gato en la ventana* (1984), *Ellas de noche* (1989) y *Espejismos* (1998).

Estábamos las dos en la cocina cuando el trueno retumbó a los lejos y abuela se persignó asustada.

—Asómate al patio a ver si va a llover.

La orden fue una liberación. No había valido el estar confinada con ella en la cocina aunque mis deseos eran explorar los rincones de la casa donde, por primera vez, estaba pasando el día sin mis padres.

Sobre el patio el cielo brillaba azul e inocente, pero la escalera estaba apoyada contra la tapia y aproveché el permiso implícito en la orden de abuela para subirme en ella. Por supuesto que primero miré los patios de las casas vecinas, tan diferentes de las fachadas por el desorden que había en ellos. La luz fulguró violenta de pronto y no tuve que mirar siquiera, bajé a la carrera, un tropezón por cada peldaño, segura de que por el oeste avanzaba hacia nosotros una masa negra y furiosa.

—¡Viene un ciclón! —entré gritando en la cocina.

—¡Jesús, María y José! —volvió a persignarse abuela.

Luego tomó la escoba.

—Hay que barrer el patio para que las hojas no tapen el caño.

Traté de seguirla y ella me espantó hacia adentro.

—Despierta a Dionisio y cierren las ventanas.

Puede decirse que tía Enma se crió como si fuera hija única, porque tío Esteban y papá eran casi hombres cuando ella nació. Después de la muerte de abuelo, ella y abuela se quedaron solas en la casa, hasta que tío Esteban trajo a Dionisio cuatro años antes de que tía Enma decidiera seguir el camino que escogió. Dionisio es hijo de tío Esteban de cuando estudiaba en La Habana. Lo reconoció y le pasaba dinero. Pero cuando la madre abandonó al niño no lo pudo recoger, porque tía Matilde no quería ni oír hablar de él, por eso Dionisio vino a vivir aquí, y aunque todos decían que era un muchacho difícil, no les dio grandes problemas. La gente comentaba que no respetaba mucho a abuela, pero con Enma era un cordero. Al irse ella era de suponer que abuela tendría dificultades con él, sin embargo ya habían pasado dos meses y Dionisio apenas se dejaba sentir. Abuela por su parte estaba triste y desanimada, parecía que su vida hubiese terminado el día que la hija abandonó la casa. Por eso papá me mandó a pasarme el día allá, para que le sirviera de distracción, y yo acepté encantada porque hasta entonces sólo iba un rato los domingos y todo me parecía lleno de misterios. Incluso tía Enma.

Entré corriendo en el cuarto de Dionisio y salté sobre la cama. Debí darle un buen susto, aunque yo salí perdiendo pues me sacudió con un empujón que me lanzó al suelo. Tenía catorce años pero la fuerza de un hombre. Nos sentamos los dos a la vez: él en la cama restregándose los ojos y yo en el suelo frotándome el golpe en la pierna.

–¿Te volviste loca?

Me levanté ofendida y salí. Desde el pasillo me volví para gritarle.

–Más vale que cierres las ventanas antes de que abuela vea que se mojan los muebles.

Decidí ocuparme de los ventanales de la sala. Me encantaban esas ventanas coloniales cuyas rejas avanzaban sobre el corredor, formando un semicírculo tan amplio que me servía de corral de juego. Incluso entonces, cumplidos los diez años, me gustaba sentarme a leer durante las visitas dominicales. No por el libro, sino por la oportunidad de lucir mis piernas; ya se había encargado la vecina de al lado de hacer notar que eran idénticas a las de tía Enma y eso me llenaba de orgullo.

Mientras aseguraba las hojas de madera con los pestillos, escuché el golpe de las ventanas en los cuartos y comprendí que Dionisio había decidido seguir mi recomendación. Al terminar corrí a la cocina, a tiempo para encontrarme con abuela, que regresaba del patio sudorosa, despeinada, con la escoba a rastras. Las primeras gotas sonaron sobre las tejas de zinc como balazos. Un nuevo relámpago estalló sobre nuestras cabezas y abuela se encogió con un gesto casi de dolor. Entró tambaleante en su cuarto, se dejó caer en la cama y se tapó la cabeza con una almohada. Yo la había seguido y me quedé por un momento sin saber qué hacer; ella levantó la almohada y me dijo sin abrir los ojos.

–Busca a Dionisio y tapen los espejos.

La casa la fabricó mi abuelo y la hizo con un puntal muy alto y estancias enormes. La llenó de muebles grandes y pesados. Cuando yo era niña chiquita rara vez pasaba de la sala. Tenía la impresión de estar en un castillo y todo en él era amenazante. Puede que ese temor me lo transmitiera mamá, que nunca se sintió a gusto allí y aceptó lo de la visita los domingos como una compensación a que las fechas sonadas, como Nochebuena y fin de año, las pasábamos con su familia. A mí sí me gustaba ir, a causa de tía Enma, que solía sentarse conmigo en la ventana y me hacía cuentos fantásticos. Todo el que pasaba por la calle nos decía algo. Ella era tan linda. En cambio no tenía suerte, decían. Había tenido ya tres novios, uno en vida del abuelo, cuando ella acababa de cumplir quince años, pero por una razón o por otra terminaban el compromiso. A tía Enma no parecía importarle, siempre estaba de buen humor, sonriente; a veces se quedaba absorta y poco a poco se le dibujaba una sonrisa en los labios, un gesto como si saboreara algo, hasta que despertaba y se reía y enseguida inventaba un nuevo juego casi pidiendo disculpas por haberse olvidado de mí.

Encontré a Dionisio en el pasillo limpiándose las uñas.

–Dice abuela que tapemos los espejos.

–Ya sé —me dijo y en la voz se le sentía aún el mal humor.

Lo seguí hasta el cuarto de tía Enma. Abrió una gaveta y sacó varias toallas. Me dio algunas y de pronto sonrió.

–Vamos a empezar por la sala.

Nunca había advertido la cantidad de espejos que había en la casa, sólo en la sala había tres y uno de ellos se llevó dos toallas para taparlo. En el cuarto de Dionisio había uno que ocupaba toda la puerta del armario. Yo me preguntaba cómo haríamos en el momento en que él le echó encima el cubrecama, con la naturalidad de quien ha hecho lo mismo muchas veces. En el cuarto de abuela, con las toallas restantes cubrimos el espejo de la mesa de tocador y otro sobre una mesita de noche. En el baño, Dionisio tapó el espejito sobre el lavabo con la misma toalla que estaba en uso para las manos. Yo pensaba que habíamos terminado, cuando lo vi sonreírse de medio lado, como hacía siempre que planificaba alguna maldad.

–Nos falta el cuarto de tía Enma.

Caí en la cuenta entonces de que era cierto, habíamos entrado a buscar las toallas, pero no tapamos nada allí. Lo seguí curiosa y lo contemplé en silencio mientras quitaba el cubrecama para echarlo sobre la cómoda. A punto de salir, su voz me detuvo.

–Falta uno.

Miré en derredor. Sin encontrarlo, entonces él empujó la puerta y la cerró. Casi di un grito

de la sorpresa. Toda la puerta estaba cubierta por
detrás por un espejo, mayor incluso que el del armario de Dionisio, pero además, al cerrar la
puerta así, nuestras imágenes habían aparecido
de repente y fue como descubrir dos personas es-
condidas allí que nos miraban. Todavía estaba
fascinada cuando Dionisio se sentó en la cama
con aire aburrido.

—¡Es tan grande! —le dije. ¿Con qué vamos
a taparlo?

El se encogió de hombros.

—¿Con qué lo has tapado antes?

—Ese siempre se queda así.

Parecía no tener ganas de hablar, y eso me
impulsaba a hacerle preguntas.

—¿Por qué hay que cubrir los espejos?

—Para que no llamen a los rayos.

—¿Y por qué abuela le tiene tanto miedo a
los rayos?

—Porque uno mató a abuelo.

La revelación me dejó electrizada. Demoré un poco en reaccionar.

—¿Y estaba delante de un espejo?

—No. Venía cruzando la calle frente a la
casa.

Los dos nos quedamos en silencio. Dionisio volvió a escarbarse las uñas. Yo no podía
apartar la vista del espejo en que por primera vez
me veía reflejada junto a todo mi alrededor. Era
exactamente como si me viese actuar en una pe-
lícula.

—Si es cierto que los espejos llaman a los rayos, este debe ser el más peligroso de todos —dije al fin.

Dionisio me miró como un gato.

—Los rayos no se atreven con éste, porque es propiedad del diablo. Me irritó que me tomara por una niñita boba.

—Estás inventando.

El movió la cabeza. Toda su atención parecía estar concentrada en las uñas. Ni siquiera me miró al hablar.

—Fue tía Enma quien lo descubrió.

—¿Cómo?

—Un día se dio cuenta de que el fondo del espejo siempre es negro y si uno se pega a él se siente olor a azufre.

—Azogue —dije mecánicamente mientras una vaga sensación de miedo se me escurría por el estómago. Es lo que le ponen a los espejos.

—Este huele a azufre.

Por supuesto que yo no iba a acercarme a comprobarlo; no quería ser víctima de las burlas de Dionisio, me quedé mirándolo con atención y sí, el cuarto estaba oscuro con la ventana cerrada y la luz apagada, pero era cierto que en el fondo-fondo del espejo parecía haber como una sombra negra que se movía, líquida, por detrás de lo que se reflejaba. Dionisio terminó con sus uñas y se puso de pie. Avanzó dos pasos hacia el espejo.

—Al principio tía Enma le tenía miedo, después se acostumbró. Se dio cuenta de que en ningún otro espejo se veía tan linda como en éste.

Repentinamente se quitó el pantalón de la

piyama y se contempló en calzoncillos. Posó como Tarzán y dio varias vueltas. Su cuerpo era trigueño y flaco, y a la vez duro, fuerte. Tenía un asomo de vello negro en el pecho.

–Este es un espejo para mirarse el cuerpo, para conocerse bien. La cara no es lo único bonito.

–Mis piernas son más lindas que mi cara —se me escapó.

–A ver.

Me puse de pie. Él mostró fastidio.

–Tienes que levantarte el vestido, la pierna nace desde arriba.

Me levanté la falda hasta el borde del elástico del blúmer. Él observó mis piernas apreciativo. Me hizo girar para verlas desde varios ángulos. Yo también las miraba en el espejo. Me parecieron perfectas.

–Sí —dijo al fin—, son como las de ella. ¿Sabes qué hacía? Se acostaba ahí, en la cama y se ponía en poses, como si se tirara retratos.

Me pareció divertido. Me tiré en la cama y empecé a hacer monerías. Él corregía mis posturas y comentaba que si parecía esto o lo otro. Con la risa yo había olvidado el aguacero. Un trueno espantoso me lo recordó y hundí la cabeza en el colchón, al tiempo que me tapaba los oídos.

–Es la luz la que mata —dijo Dionisio—, cuando oyes el trueno ya no hay peligro.

Yo asentí y me incorporé. Él me miraba insistente.

–¿Por qué no te quitas el vestido?

Algo en mi interior anunció problemas.

–Todavía eres una niña. ¿Qué hay de malo en que te quites la ropa? No debes tener ni senos.

–Sí tengo —dije bajito— me están saliendo.

Contempló mi pecho con aire crítico.

–No lo parece.

No supe qué decir. El aguacero había arreciado y parecía querer taladrar el techo. Se sentía la humedad en el aire, pesada, sofocante.

–Tía Enma tenía unos senos preciosos, blancos, muy parados, con los pezones rosados y grandes. Se los tocaba así, halándolos suavecito y las puntas se levantaban como si fueran a desprendérseles.

Parecía hipnotizado por el recuerdo.

–¿Por qué dices tenía? Tía Enma no se ha muerto.

Me miró como si no entendiera lo que había dicho. Ahora se veía ansioso, incluso había empezado a sudar, aunque bien podía ser por el calor. Se apartó de la cama y fue a situarse junto al espejo.

–Quítate la ropa —rogó. Yo no voy a moverme de aquí. Tía Enma me dejaba verla desnuda y yo nunca la toqué, pero si ponía mi mano sobre su cuerpo en el espejo ella decía que sentía mis dedos en su piel.

–Mentira —casi susurré.

–Ella decía eso. Prueba tú a ver si es verdad.

Yo tenía miedo, un miedo que no sabía explicar y a la vez sentía un deseo violento de obedecerle, de asomarme a ese mundo desconocido.

Quisiera poder decir que lo dudé mucho, que demoré en tomar la decisión, pero en realidad Dionisio no tuvo ni que volver a decírmelo. Muy despacio, eso sí, desprendí los broches del vestido y me lo saqué por la cabeza. Cuando miré de nuevo hacia el espejo, Dionisio se había quitado el calzoncillo y estaba allí, de pie, completamente desnudo, exhibiendo su sexo rodeado de un vello ralo, muy negro, que dejó en mí esa impresión imborrable de las cosas que se ven por primera vez.

–Tienes que quitártelo todo —me dijo.
Me resistí y negué con la cabeza.
–No voy a moverme de aquí —me aseguró. No te va a pasar nada. Yo también estoy desnudo.

Ese último argumento me convenció. Resulta estúpido, pero establecía un término de igualdad o algo así. Él se volvió de espaldas para facilitarme las cosas; en realidad me miraba a través del espejo; me di cuenta después, porque al principio él parecía estar mirando al piso. Cuando ya estuve desnuda y tendida en la cama extendió las manos hacia el cristal y rozó el lugar donde se reflejaba mi pecho. Sentí una cosquilla que probablemente nacía de adentro, un estremecimiento, una sensación extraña en lo profundo del vientre. Él siguió deslizando sus manos, suavemente, acariciando la curva de mis costillas, la marca del ombligo, hasta que sus dedos se cerraron sobre mi pubis y yo grite, grité porque sentí un halón, algo mitad dolor mitad placer, un tirón que me cortaba el aire y quería penetrar en mí y de momento todo mi sexo picaba, pinchaba, ardía. Me encogí y en plena desesperación agarré mi ropa y me tapé con ella, torpemente empecé a vestirme, enredándome, trastabillando, hasta que lo conseguí y me senté en la cama; sólo entonces advertí que Dionisio seguía de rodillas, frente al espejo, la cabeza reclinada contra él, los ojos cerrados, las manos... Me arreglé el vestido y me puse de pie. No sé cuánto tiempo estuve mirándolo, sin saber qué hacer. Finalmente él se dejó caer a un lado, se recostó a la pared aparentemente sin fuerzas y yo aproveché y abrí apenas lo suficiente para escurrirme afuera.

Encerrada en el baño lloré como nunca, con los puños apretados contra la cara, golpeándome incluso con la pared algunas veces. El aguacero había cedido y cuando logré calmarme ya casi no llovía. Me lavé la cara y fui al cuarto de abuela. Seguía acostada pero ya se había destapado la cabeza y miraba al techo en silencio. Me senté junto a ella y le agarré la mano.

—¿Por qué tía Enma se metió a monja?

Suspiró antes de responder.

—Sintió el llamado de Dios.

Nos quedamos en silencio. Ella apretaba mi mano. Al fin reuní el valor para hablar.

—Yo creo que tía Enma quería huir del diablo.

Me miró asustada y pensé que iba a decir algo, pero sólo suspiró y ladeó la cabeza.

–Abuela, ¿no es cierto que yo no soy tan linda como tía Enma?

Pareció estar a punto de echarse a llorar.

–Ella es más linda —dijo. Pero no siempre la belleza da felicidad.

Nunca más volví a casa de abuela a pasarme el día. Cuando íbamos de visita me sentaba en la sala y apenas si saludaba a Dionisio. Creí que bastaba con alejarme de él y del espejo.

Antes del cumpleaños

Adelaida Fernández de Juan

Cuando revisaba la lista de los invitados y ya iba por el número dieciséis, se fue la luz. Maldijo como de costumbre, esperó unos minutos por si volvía enseguida y, al continuar la oscuridad de las once de la noche, inició de mala gana el engorroso proceso de encender el farol chino. Media hora más tarde, sudando y disgustada, reanudó la tarea. En total serían veinticinco niños; si venían con un adulto, la cifra seria cincuenta, pero prefirió calcular un total de cien, teniendo en cuenta el deseo de todos de comer dulces y la costumbre recién implantada de que a los cumpleaños infantiles asiste casi toda la familia. Para evitar algún olvido lamentable, revisó la lista nuevamente. Los primos del niño, los hijos de sus amigas, los nietos de los amigos de su padre y los sobrinos de los jefes de ella y de su esposo, indiscutibles; los vecinitos de la cuadra, los amigos del

Adelaida Fernández de Juan (1961), narradora. Obra publicada: *Dolly y otros cuentos africanos* (1994) y *Oh vida* (1999).

parque, los compañeritos del aula y los cuatro niños del área mercado: uno del bodeguero, dos de
la que reparte el pan y el sobrino del nuevo carni-
cero, convenientes. El cálculo preliminar de cien
le pareció útil, dejaba margen para cualquier im-
previsto. Pasó entonces a la segunda lista y se
alarmó de lo poco que había conseguido durante
seis meses: cajitas de cartón, vasos plásticos, cu-
charitas de cualquier tipo, mantel floreado para
la mesa del cake, cubo con tapa para el refresco,
velitas y serpentinas formaban la lista, y sólo estaban tachados el mantel y el cubo, prestados por
su prima de San Antonio de los Baños. Arregló el
farol cuya luz estaba a punto de extinguirse y, en
franco estado de ansiedad, prosiguió con la libreta de las listas, que tenía el encabezamiento pue-
ril de Cumpleaños del Nene. Le tocaba ahora lo
más difícil: comida y bebida. Cake del estado,
cake privado y, añadió, cake de emergencia: nunca se sabe. Refresco de la bodega y refresco instantáneo. Este último tenía una flecha al lado que
apuntaba a una oración pequeñita: con los centavos de dólar de la venta del arroz. Ensalada fría,
dos puntos, con los coditos que dieron hace cuatro meses. Tengo que revisarlos y también la piña
de veinte pesos que congelé para que mi marido
no la viera y se disgustara por el precio. La mayo-
nesa estaba segura; se la había prometido la vieja
hipertensa de la esquina y, con satisfacción, la ta-
chó del papel. En cuanto a los cakes, ya había hecho la cola para encargar el del estado, en la
oficina municipal, y había ido con el ticket al otro

lugar que le indicaron, pero le puso un signo de interrogación al lado porque le habían aclarado que podía recogerlo el día de la fiesta si llegaban los huevos, había gas suficiente en el horno y no se iba la luz, el calor no era insoportable, ah... y si tampoco llovía mucho, porque la muchacha que los entrega vive lejos y viaja en bicicleta. Con el cake privado no hay problemas, pero tengo que vender el azúcar prieta y el polvo para limpiar cazuelas. Le puso al lado *Margarita*, que siempre compra de todo. De mañana no puede pasar que vaya a verla, pensó, y se concentró en la cuestión de la bebida. Si fallaba el refresco normado, como de costumbre, vendería entonces el arroz para comprar el instantáneo que llaman *Caricias*. A esta altura me da igual una caricia que un piñazo si tiene buen sabor y llena el cubo. Volvió la luz ya entrada la madrugada y con alivio retiró el farol de la mesa de comer. Antes de seguir angustiada por todo lo que faltaba, decidió ir al cuarto a buscar la caja de las sorpresas que se convertiría en piñata y sacar los juguetes que había comprado poco a poco para el día de la fiesta. No alcanzan, se dijo, y los envolvió por separado. Catorce avioncitos de goma, todos verdes, doce silbatos, diez pelotas de pingpong y ocho barquitos plásticos, tres de ellos sin velas. No importa, rellenaré la piñata con los caramelos que hace Katia la rusa y con las bolitas de periódicos atrasados. Trató de consolarse, con temor abrió nuevamente la libreta y, al leer el siguiente listado de artículos que había que conseguir, creyó que las fuerzas se le iban. Carajo, ya había olvidado esta parte. Se trataba de los gorritos, antifaces, trompetas y globos que nunca pueden faltar. Los globos pueden ser preservativos y las trompetas pueden hacerlas Octavio el loco de la carretilla, pero ¿y los gorritos y antifaces? Se hacen de cartón, igual que las cajitas y casi siempre las cucharas. La asociación de estos artículos le produjo cierto alivio y los agrupó a todos con una nota: ir a la fábrica de cartón que está en la carretera del aeropuerto. Hablar con Jorge el que vende gasolina. Por último, quedaba el acápite *animación*. La música infantil tengo que pedírsela a la directora de la escuela del nene, no la negará si le llevo un jabón de baño, y la grabadora puede ser la de Ariel, el hijo del piloto de enfrente, pero queda la cuestión del payaso. Meditó unos instantes tratando de recordar algún payaso que no hiciera chistes verdes, que no fuera tan viejo que asustara a los niños ni tan joven que no diera risa, y se acordó de aquel neurocirujano que animaba las fiestas de los niños en el hospital. En aquel momento lo hacía gratis, habría que ver ahora, pero la idea le pareció buena, y buscó el teléfono del hospital neurológico para llamar al día siguiente. Cuando creyó que ya todo estaba organizado y sabía más o menos a quién pedirle cada cosa, se acostó sin hacer ruido. Soñó con serpentinas rosadas y piñatas que dejaban caer bicicletas y botellas vacías de refresco. Transcurrieron doce días de gestiones, compras, ventas, trueques y cambios de planes y, a escasas veinticuatro horas del cumpleaños, decidió intercambiar opiniones en la noche con su esposo, para una última revisión y actualización de las listas.

Estás obsesa, tranquilízate, tal parece que preparamos una graduación masiva de cadetes, dijo él, pero ella insistió tanto que él accedió y se dispuso a escuchar: después de todo, entre reuniones, fugas y guardias no había podido saber cómo iban los preparativos de la fiesta.

Cajitas y cucharas, dijo ella, no alcanzan. En la fábrica me dijeron que no las venden, que debía dirigirme a las casas-fiestas. ¿Y eso qué es?, preguntó él. No sé, averigua tú, porque recorriendo todo el vecindario sólo conseguí veintiocho cajas y diecinueve cucharas. Está bien, mañana me encargo, dijo el esposo, pon *pendiente* en la lista.

Los vasos los traerá tío Carmelo el día de la fiesta y, como ya no hacen serpentinas, me prometió los recortes de revistas que sobran de la imprenta donde hace guardia por contrata. ¿Seguimos al otro punto?, preguntó ella. Sí mi amor, dispara la siguiente desgracia, respondió condescendiente el esposo. Nadie tiene velitas nuevas desde que comenzaron los apagones. Cambié una toalla rota por una vela usada que está más o menos por la mitad, casi sollozó ella. Calma, calma, yo consigo cuatro fósforos y así el nene puede soplar; si le enganchas ese tronco de vela parecerá un velorio y el hueco en el cake será horrible. Pasa al otro punto de la orden del día. Te estás burlando, y eso no lo tolero: estamos hablando del cumpleaños del nene, que no tiene la culpa de nada, ya sabes que no quiero que él sufra. Bueno, basta ya, no te pongas susceptible, acaba con el tango que mañana estoy de guardia y no puedo estar escuchando tus lamentos toda la noche. ¿Cuántos litros de refresco tenemos?, puntualizó él tratando de excusarse. ¿Litros dices? En la bodega me informaron que hay diecinueve meses de retraso, así que olvídate de la vía normal. ¿Cuál es la normal? Dímelo rápido y sin comentarios, cariñito. Bien, tú sabes que el arroz no lo vendí como quería porque como estamos a principios de mes, la cotización es más baja y la libra está a treinticinco centavos en lugar de a cincuenta como me había dicho Lilia. Ahora es que la muy cabrona me viene a explicar que a cincuenta es sólo a partir del día 24 del mes, y figúrate, a esta hora en que sólo falta un día... Dije sin comentarios, murmuró él, no me expliques el estado de la Bolsa de Valores. Limítate a lo que yo tengo que hacer. Correcto, si quieres que abrevie, te lo diré sin rodeos: mañana por la noche tienes que ir a una dirección que te daré más adelante, donde hay una mate de limones cuyos dueños están de vacaciones en Júcaro o en Morón, no recuerdo bien, pero sé que es por ahí, porque en cuanto me lo dijeron me acordé de la trocha de Júcaro a Morón que nos explicaron en Historia cuando estudiábamos primer año en la Universidad. ¿Te acuerdas, mi amor? La profesora era una bajita de ojos claros que después vimos en el Materno pariendo jimaguas. Resultaron dos varones bajos de peso. Era de esperar con una mamá así de pequeña, que además no paraba de fumar, y eso que yo le advertí... Por favor, la interrumpió él bostezando, concrétame a dónde y cuándo tengo que robar limones, si no te molesta. Perdona, es que me emociona recordar... La casa es cerquita de aquí, por donde vive Leticia la que nos vendió... No importa, luego te digo la dirección exacta. ¿Seguimos? Seguimos, si no voy preso en la próxima tarea. Para el cake privado hay una pequeña dificultad. Ya hablé con el ingeniero en minas que los hace, y está dispuesto a hacernos uno inmenso de cincuenta huevos, veinte libras de azúcar blanca y catorce de harina si le damos una guayabera de polyester. Yo estaba pensando, mi amor, en esa que tienes en el closet, que no te gusta, de color mamoncillo, la que te regaló aquel paciente que operaste la noche que volvíamos de la playa, ¿recuerdas? Un tipo simpatiquísimo que vendía unas sandalias tejidas como esas que le gustan a tu tío Manolo y que tienen una hebilla... Sé de qué hablas, cielito lindo, interrumpió él. Es la única guayabera que tengo, pero si esa es la dificultad, no tengo inconveniente en dársela al ingeniero. El problema, cariño, es que ésa no es la cuestión difícil. En realidad, hay que ir a buscar el cake a casa del ingeniero. El vive en el piso dieciocho del edificio de la calle G que tiene el elevador roto desde las inundaciones del año pasado, pero yo pienso que vale la pena, con esas piernas fuertes y hermosas que tienes no tendrás problemas en subir y bajar las escaleritas, si el resultado es un cake grandioso para el nene, con el merengue bien azul como yo lo pedí, con el viril azulito que le gusta a él ¿verdad? ¿Qué dices, mi amor? ¡Qué le ronca la berenjena, chica! ¿Te has vuelto loca, o qué? ¿Tú crees que yo soy Mandrake el Mago?

🌀

Hablando de mago, no habrá payaso. El neurocirujano se quedó en Miami, figúrate, aprovechó un curso que le dieron en Costa Rica, donde se reunió según parece con una hermana que a su vez se había quedado en San José hace cinco años y de allí se la arreglaron para brincar... ¡Esto es el colmo! Me pides que recorra esta condenada ciudad buscando casas-fiestas que nadie sabe qué coño son, que resuelva cuatro fósforos donde nunca hay luz, que robe limones, que me quede sin ropa de salir, que suba casi al cielo por una escalera, ¿y ahora tengo que oírte el cuento de un neurocirujano payaso que llega a Miami? No grites, mi amor, que el nene se puede despertar, y piensa en él, mi vida, en su fiestecita, cariño, en lo contento que se va a sentir cuando crezca y vea las fotografías... Las fotos... ¡Dios mío, las fotos! ¿Cómo pude olvidarlas? Ay, ¿tú crees que el profesor de filosofía que estaba el domingo en el Jalisco Park retratando a los niños de los caballitos quiera venir a casa? El decía en voz baja por el carrusel: fotos, fotos, a sesenta centavos dólar. ¿No es así? Ay, mi vida, ¿mañana temprano puedes llegarte al parque y pedirle que venga? Más de quince fotos no serán, te lo prometo, y para eso sí me alcanza el dinero del arroz, porque aunque la libra esté a treinticinco centavos... perdona, no te agobiaré... pero mañana en el recorrido por las casas-fiestas puedes hacer un esfuercito y llegarte al Jalisco Park. ¿Verdad? Sigue, fue la respuesta. Correcto. Hay un graduado en Historia del Arte que hace un dúo de malabaristas con un maxilofacial: dicen que son una maravilla. Me contó Olga María, la costurera, que entre paréntesis le hizo el juego de short y camisa al nene a cambio de un pomo de champú que tú no usabas, el rojo para el pelo seco, usas el verde para el pelo graso, ¿verdad?, que ella vio al dúo y es fabuloso. Lanzan pelotas, aros y unos palos con algodón en la punta que incendian cuando consiguen alcohol, y a los niños les encanta el espectáculo. Según ella, cuesta entre ciento cincuenta y doscientos pesos contratarlos, pero no te descompenses, eso mismo vale un pantalón de corduroy y ya hablé con Margarita y está de acuerdo en comprar el que tú me regalastes el Día de los Enamorados. No te molesta esa bobería ¿verdad, mi amor? ¿Algo más? murmuró el esposo en medio de un nuevo bostezo. Sí, cariño, ¿cómo tú ves la cosa? Concéntrate y dime si no te parece hermoso el patio con la mesa de Cecilia la vecina cubierta con el mantel floreado de mi prima, el cake azul del ingeniero, el cubo con limonada, los caramelos de la rusa que sobren de la piñata y las paredes adornadas con preservativos inflados y recortes de revistas. En el centro, el dúo de malabaristas con aros, pelotas y palos encendidos. ¿Qué te parece, mi vida? Un burdel circense de posguerra, sentenció él. ¡No jodas, chico, no dramatices! Si

consigo violeta de genciana y pintamos los preservativos, alegramos más el ambiente. ¿Qué me
dices ahora? ¿Qué las putas del circo tenían mo-
nilia? ¡Vete a la mierda! ¡No eres capaz de sacrifi-
carte por tu hijo! ¿No te importa que él tenga un
día de felicidad? Te estás poniendo histérica, yo
también podría mandarte a la mierda, así que
tranquilízate de una vez. ¿Tranquilizarme? ¡Ni
siquiera sabes qué le vas a regalar! ¿Cuándo
piensas arreglarle el velocípedo que está tirado
en el garaje desde que llegó Colón? Cuando tú
me dejes tiempo para buscar los alambres, pero
¿a qué viene eso ahora? ¿No te parece suficiente
el invento que hice en la cocina para que el gas no
salga por el horno cuando enciendes la única hornilla que sirve? ¿No te basta con el sistema de
drenaje que instalé en la ventana del baño para
que puedas lavar con agua de lluvia? ¿No estás
contenta con el farol chino que conseguí por las
botas cañeras? ¿Te has preguntado acaso cómo
logré tapar con plastilina las goteras del techo de
la sala? ¿Y aquel día en...? ¿De qué te ríes? ¿He dicho algo gracioso? Basta, pareces una loca, no te
rías tanto que nos van a oír. Pero ¿qué haces, muchacha? Contrólate ya, por favor, mira la hora
que es.

Se abrazaron justo cuando amanecía, sin tiempo
para más y se sintieron extrañamente dichosos,
como si la esperanza, que se les había alejado demasiado, comenzara a regresar, una vez más.

LA VIOLINISTA VERDE, SEGÚN CHAGALL

Anna Lidia Vega

> *¿Por qué entonces*
> *Ahora que te encontré*
> *Te reconoci, te viví,*
> *Tú te vas,*
> *Amor?*

Se le veía con sus pájaros y matas en el balcón por las mañanas. Usaba gafas "fondo de botella" y un peinado ridículo. Nos saludaba con la misma cordialidad y desprecio todos los días, pasando con el violín en el estuche hacia la casa de cultura donde trabajaba de recepcionista.

Estamos convencidos de que no toca el violín. Al menos, nadie nunca la oyó. "Solterona —comentábamos— infeliz."

Al mudarse ella para el edificio, la gente empezó a sondearla, pero nos quedamos en blanco. Nadie traspasó la reja de su puerta.

Por eso fue que se revolvió el barrio cuando la vimos llegar con aquel chileno o argentino (no pudimos averiguar). Entraron y cerraron la puerta. Entonces nos metimos en el edificio de enfrente, alguien trajo unos binoculares y los vi-

Anna Lidia Vega Serova (1968), narradora y poeta. Ha publicado los libros de cuentos *Bad Painting* y *Catálogo de mascotas* (1999).

mos sentados uno ante el otro hablando. Hablaba
él, ella lo miraba tras los "fondos de botella", arre-
glando mecánicamente el pelo (que no tiene arre-
glo). Como a las dos horas nuestra exaltación
aumentó: ella trajo una botella de la cocina y dos
copas, empezó a hablar. Cambiaron de asientos,
estaban uno al lado del otro. Poco faltó para que
nos fajásemos por los binoculares. Los más arries-
gados apostaron a que en media hora se la echa.
Los escépticos fueron la minoría. Binoculares de
mano en mano. Tuvimos una desilusión: cuando
se pararon y se suponía que iban a empezar, lo
que hicieron fue ir hacia la puerta de salida.

La discusión se renovó, pero al ver que salieron los dos, decidimos mandar un grupo a se-
guirlos. Nos fastidiaba que la cosa fuera tan
lenta, pero nadie quería perderse el show.

Cuentan que fueron a la playa. El llevaba
el vino en la mano y ella su inútil violín. Algunos
dicen que les oyeron hablar cosas estupidísimas
sobre el ser humano y eso, pero me parece que es
mentira: nadie puede oír lo que se dice a doscientos metros de distancia un atardecer bastante ani-
mado. Se sentaron en el malecón y él le pasó la
mano sobre los hombros. Cuando anocheció ella
sacó su violín, pero el que tocó fue él. Cuentan
que era algo de uno de esos de Mozart que ponen
en radioenciclopedia. Después regresaron. La
mayoría se fueron a sus casas, pero algunos nos
quedamos a ver qué pasa. Hablaban. No hacían
más que hablar. Nos fuimos a dormir sobre las
cinco, pero ya a las ocho montamos la guardia.

Logró asombrarnos y maravillarnos. Estaba en el balcón sin espejuelos, con el pelo suelto y una batica rosada que ¡no quiera usted saber! Sonreía. Se asomó y nos saludó, preguntando:

—¿Habrá quimbombó en el agro?

¡Sabe dios qué tiene que ver el quimbombó con todo eso! Él la ayudaba con los pájaros y matas.

Al rato ella salió con las jabas en dirección del agro, sonriendo y canturreando. Nos pasó por el lado y nos cortó la respiración: ¡Qué clase de mujer! No hay manera de averiguarlo, pero llegamos a la conclusión de que sí estuvieron. Una mujer no se transforma de la noche a la mañana sólo hablando. Casi de momento vino un tipo que nos cayó mal. Preguntó dónde vivía ella y se lo tuvimos que decir. De ese sí averiguamos que era músico. Toca en un grupo que ensaya en la casa de la cultura y ha viajado cantidad. El extranjero le abrió y empezaron a abrazarse como viejos amigos. De pronto el hombre cogió su mochila, dejó un papel sobre la mesita y se fue con el músico. Unos dicen que era una foto suya, otros que dólares o a lo mejor su tarjeta. Pero la cosa es que nos pasaron por el lado hablando de que di "¿te acuerdas de fulano y cómo está mengano?".

Ella viró sonriendo y canturreando con dos jabas enormes del agro. Quisimos ayudarla, pero nos dijo: "no me pesa" y era como si de verdad no le pesara. Flotaba en vez de nadar.

Tocó la puerta, esperó, y todavía sonriendo abrió con la llave. Caminó pesadamente con las jabas mirando por los rincones. Cuando vio el papel, los tomates, naranjas y demás rodaron por la sala.

Nos daba pena de verdad y queríamos ayudarla, pero no nos abrió. Algunos miraron a ver qué hace. Ahí estaba, sentada entre las frutas. Dicen que no lloraba.

Esa tarde la china de la otra escalera se fajó con la suegra y desconectamos a la solterona, que hasta el día de hoy sigue con sus pájaros, matas, "fondos de botella" y ese peinado ridículo que alejaba a la gente por lo menos a diez metros a la redonda.

Carga el violín para arriba y para abajo, pero sabemos bien que ella no toca violín.

EL OSO HORMIGUERO

Mylene Fernández Pintado

–Soy persona mayor, Peter Pan. Crecí
hace mucho tiempo.
–Tú me prometiste que no crecerías,
Wendy.
–No pude evitarlo.
James Matthew Barrie. *Peter Pan y Wendy*
Si ves que la cosa se pone muy difícil, in-
cluye a tu hermana en el paseo, pero sólo si se
pone difícil. ¿Ok?
Asentí obedientemente ante el torrente de
instrucciones emanadas de aquel "capo" de
quince años, que tenía previstas soluciones imaginables, como un organigrama humano. Pero la
parte más difícil era la mía, de ejecutora: pedir
permiso a mis padres para salir sola con K me
aterraba; supongo que lo hacía con tanta cara de
culpable que era una invitación a la denegación.
Yo era una adolescente muy protegida. A
cambio de una serie de comodidades materiales

Mylene Fernández Pintado (1963), narradora. Ha
publicado el libro de cuentos *Anbedomia*.

(quizá envidiadas por mis conocidos), yo no debía ni soñar con ser una James Dean femenina. Me guardé muy bien de provocar conflictos generacionales, de no acompañar a mis padres en sus salidas o quejarme de su rectitud. Cuando me prohibían algo, adoptaba la actitud de restarle importancia al asunto. Por esto modifiqué ligeramente el pedido, con vistas a obtener resultados alentadores en esa "cruzada".

–Mamá, ¿crees que Lili y yo podemos ir con K al zoológico el martes?

Mi madre era una joven y linda mujer-niña que necesitaba imponer órdenes absurdas para reforzar su autoestima, inexplicablemente baja. Alguien difícil de contener, pero era muy importante en la familia y todos la mimábamos un poco.

–¿Desde cuándo te interesan los animales? Tus peores notas son siempre las de Biología.

Como estudiante yo no dejaba nada que desear. En cambio mis vacaciones parecían las de una delincuente juvenil "bajo palabra". Siempre acompañada, siempre vigilada. Mi noviazgo con K, ya de más de un año, se limitaba a oír música y grabar discos sentados en la sala de mi casa de día y en el balcón por la noche. Este régimen de contención provocó en nosotros efectos muy distintos. Me había convertido a los ojos de K en alguien muy deseado, una especie de Venus en jeans encima de un pedestal de cinco pisos, y él era para mí como un príncipe atento, romántico, seguro, lleno de un amor de cuentos (considerando el incidente del permiso, sería el de Cenicienta). Así, nuestra relación avanzaba en dos direcciones bajo la atenta e inexorable mirada de mis padres.

–Dice K que trajeron un oso hormiguero, creo que es el primer animal nuevo que llega desde hace un siglo. Queremos verlo.

–No sé, pregúntale a tu padre, yo no estoy muy convencida.

Mi padre que nunca estaba en casa. Siempre viajando, cuando llegaba era aire fresco, alegría. Lleno de chistes y regalos, dejaba a mi madre encargada de mantener la férrea disciplina y su papel era el de complaciente y comprensivo. Claro, raras veces intervenía, pero esta sí lo hizo.

–Está bien, lleven a tu hermana y vengan temprano.

Me parecía mentira, íbamos a salir solos. Pasé todo el día ayudando en mi casa. Fregué los platos, no respondí a mi madre ni discutí con mi hermana. Preparé la ropa y me acosté temprano.

No encontramos el oso hormiguero pese a las mil vueltas que dimos. Yo quería que me vieran los del pre, sola con K (mi hermana iba detrás muy animada con un algodón de azúcar) como el resto de las parejas que conocía. Vamos a mi casa, descansamos algo y regresamos. Así la ves. Nunca me has visitado en la casa nueva.

Era linda su casa, blanca y llena de plantas y K resultó ser un anfitrión desenvuelto. Mira Lili: un cassette de ABBA, si quieres oírlo, allí está la grabadora. Ven, vamos a ver los gaticos recién nacidos, están en el garaje. La gata los parió ayer y yo la ayudé.

Cuando bajamos y vimos los gaticos comprendí que habíamos ido a "eso". A eso de lo que hablan todas las adolescentes con deseo y temor. A la idea central de las conversaciones de mis amigas del aula. A la gran incógnita de nuestras vidas: ¿Dónde será?

¿Con quién? ¿Cómo? Sí, teníamos ideas preconcebidas sobre aquel hecho. Estábamos llenas de planes y sugerencias y, sobre todo, seguras de que sería antes del matrimonio. Yo, por mi parte, imaginaba aquella ceremonia con ciertos requisitos. Lugar: una habitación de hotel llena de alfombras; tiempo: una noche de luna azul hada, con una música entre sexy y bendita. Algo así como el arcángel Gabriel tocando un saxofón. Y yo era más alta, más delgada, más elegante y mi amante era una mezcla de Víctor Manuel con Clint Eastwood y todo era en cámara lenta, como si flotáramos. Y él era un hombre muy sabio y conocedor y yo, ingrávida y dúctil.

La lengua de K se movía trabajosamente en mi boca, chocando con la mía. Comencé a esquivarla y descubrí un movimiento rotativo hacia la izquierda que también podía intervenir: derecha, izquierda dos veces a cada lado, luego: desacompasadamente. K entendió eso como una señal de placer. Luego me acordé de las películas. Le pasé los brazos por el cuello y le acaricié el pelo, muy fino y perfectamente cortado por el barbero de su padre. Lo estaba haciendo muy bien y de pronto, ensimismada en mis movimientos, sentí algo entre mis piernas y me asusté. No pensaba llegar hasta aquí, no tenía deseos; estaba aburrida y quería regresar a casa a almorzar. Pero, ¿qué hacer? ¿Gritar como un salvaje? ¿Llorar como una niña tonta? Y traté de portarme de la forma más adulta posible. Fue algo duro, seco, con un dolor cuyo eco demoró en desaparecer. Creo que del susto dejé de respirar, y K sintió mi falta de aire como un síntoma muy erótico. Pasó su mano por mi cabeza y me besó en la frente, en los ojos. Eso fue lo que más me gustó. Me alzó y me colocó en el piso. Entonces resumí que mi primera relación sexual había sido sentada en el estante de un garaje entre dos latas de pintura azul metálico para autos y una regadera amarilla. Y ahora podía oír la música que mi hermana ponía en la grabadora arriba: "Dancing Queen". Canción de tíovivo, pensé.

Siempre de la mano de K, que parecía no poder soltarme, fui al baño y me miré al espejo. Nada. Tenía la misma cara. No se había anchado mi nariz ni agrandado los ojos, ni tenía los labios más rojos. Así que cosas tan importantes no dejan huella. Tomé nota mental de esto. Una pequeña mancha es toda prueba del delito.

Salí a la sala, donde mi hermana copiaba la canción... *and when you get a chance*... Me senté a su lado y sentí que estábamos a años luz.

Traté de ayudarla y poner la mente en otra cosa, casi lo logré, hasta que llegó K con una bandeja con dos copas de helado y muchas galleticas.

¿Un gesto de desagravio? Comencé a triturar las mías y echarlas encima del helado, así es como me gusta tomarlo. Yo te lo doy. Y me dio pena con él. Estaba feliz y yo era la causa de su felicidad. No sabía qué hacer, cómo quererme y complacerme. Se sentía protector, responsable, paternal. Yo fui lo suficientemente racional como para comprender que no habíamos llegado a este punto sólo por sus actos, sino por esa mezcla de dejadez y curiosidad que me signa de manera terrible. ¿Nos vamos?

No, dijo mi hermana. Nos vienen a buscar. K habló con su padre y le van a mandar el carro. Nunca me has visto manejar, acotó K y en su tono percibí el mensaje: Somos cómplices. Tenemos una intimidad pasada en común.

Ya en el auto, nosotros delante y mi hermana atrás. Oye esto, es una sorpresa... *and she is buying a stairway to heaven*. Led Zeppelin.

¿Cómo se sentiría K? Supongo que pensaría que nos habíamos casado en la Catedral; me daba besitos en cada semáforo, "Pare", "Ceda" y cantaba *and you are buying a stairway to heaven*. Yo miraba la calle, los otros autos, las personas. ¿Qué había hecho? Dios mío, qué claros estaban mis padres al tenerme tan atada. Yo era una aberrada pecaminosa. No, no era así. Yo quería a K. Me gustaba, lloraba si reñíamos y disfrutaba nuestras noches de terraza y discos, mezcladas con sus cuentos de jugarretas en la escuela y discusiones con su padre. Era tan dulce. Pero ahora ya nada iba a ser igual. ¿Y si nos peleábamos? ¿Y si se lo decía a sus amigos? Yo, por mi parte no pensaba hablar ni en un auto de fe.

Quédate a comer, lo invitó mi madre. No gracias. Nunca comía en casa. Le daba pena, pero se sentó a mi lado a la mesa. Deshuesó mi pollo, cortó mi plátano en unas rueditas muy modositas y me quitó el pelo de los ojos. Yo le sonreía tolerante, más no podía hacer. K bailó con mi hermana, hizo chistes, escribió en unas hojas que me amaba y las tiró por el balcón. Yo rezaba para que llegara la noche y se fuera a su casa y así poder estar a solas con mi cabeza y mi vagina.

Al fin vinieron a buscarlo. Baja un momento conmigo. ¿A qué? Para darte una cosa. No quiero. Bueno yo te la subo, espérame. Me quedé sentada en el descansillo pensando que la escalera era blanca con salpicados en negro, todo granito. Regresó con un bello ramo de flores en un jarrón: gladiolos rosados y blancos, rosas rojas, claveles y azucenas y un lazo color azul hada. Y una tarjeta. Me encantan las flores pero estas me pusieron triste. Chao, llámame en cuanto te levantes para no despertarte. Entré con mi trofeo. ¿Y esas flores? Son de K. Pero, ¿por qué? No sé. Se las mandó el oso hormiguero, dijo mi padre. Son lindas, dame un beso y duerme bien. Gracias, papá.

Mi cama de ayer y de hoy, mi almohada, mi oso de peluche, mi Mafalda en la pared. ¿Me querrían igual que antes? ¿Y K? Cuando se le pasara la euforia de amante iniciado, ¿cómo sería lo nuestro? Pensé que yo misma con mi falta de firmeza y mi esnobismo de adolescente había acabado con algo que era lindo y tierno y que pudo haber sido lento y dulce. Ya no. En la otra cama, con el sueño acompasado que provoca la conciencia tranquila, dormía mi hermana ajena a todo. Soñaba quizá con el zoológico y el oso hormiguero que no vimos, el helado y ABBA y con el encantador y complaciente novio de su hermana. A lo mejor deseaba uno así para ella.

Lloré mucho. Por la distancia que nos separaba y hacía diferentes; por no ser la persona que mis padres creían; por haber sido falsa y fingida con K, quien me recordaría con mucho cariño como su "primera vez". Lloré porque había salido de las páginas de los Hermanos Grimm, para entrar, no muy a gusto, en las de Henry Miller, y porque había perdido la única e irrepetible oportunidad de disfrutar el acontecimiento más importante de mi vida, que no había sido sublime, soñador, vaporoso ni etéreo. Ni siquiera desgarrador o violento. Nada. Fue lamentablemente gris e incómodo. Lloré mucho, no hasta quedarme dormida, pero lloré mucho y me dormí muy tarde.

Cuentistas cubanas de hoy,
cuya selección corrió a cargo
de Marilyn Bobes,
nos ofrece el trabajo de catorce mujeres
que, más alla de su condición femenina,
indagan en el tejido de la realidad
con los instrumentos de la ficción literaria.
La edición de esta obra fue compuesta
en fuente palatino y formada en 11:13.
Fue impresa en este mes de enero de 2002
en los talleres de Litográfica Ingramex, S.A. de C.V.,
que se localizan en la calle de Centeno 162,
colonia Granjas Esmeralda, en la ciudad de México, D.F.
La encuadernación de los ejemplares se hizo
en los talleres de Dinámica de Acabado Editorial, S.A. de C.V.,
que se localizan en la calle de Centeno 4-B,
colonia Granjas Esmeralda, en la ciudad de México, D.F.